Esmeraldas en la imaginación literaria afroecuatoriana

This book is part of the Peter Lang Latin American Studies list.
Every volume is peer reviewed and meets
the highest quality standards for content and production.

PETER LANG
New York • Berlin • Brussels • Lausanne • Oxford

Marvin A. Lewis

Esmeraldas en la imaginación literaria afroecuatoriana

Diáspora, Resistencia e Identidad

PETER LANG
New York • Berlin • Brussels • Lausanne • Oxford

Library of Congress Cataloging-in-Publication Control Number: 2022016564

Bibliographic information published by **Die Deutsche Nationalbibliothek**.
Die Deutsche Nationalbibliothek lists this publication in the "Deutsche Nationalbibliografie"; detailed bibliographic data are available on the Internet at http://dnb.d-nb.de/.

ISBN 978-1-4331-9752-9 (paperback)
ISBN 978-1-4331-9750-5 (ebook pdf)
ISBN 978-1-4331-9751-2 (epub)
DOI 10.3726/b19742

80 Broad Street, 5th floor, New York, NY 10004
www.peterlang.com

ÍNDICE

INTRODUCCIÓN

LAS VOCES DE ESMERALDAS

Esmeraldas, reconocida como la "provincia verde" del Ecuador, es la patria chica de una cohorte de escritores negros significativos, aunque a menudo descuidados, quienes hasta la fecha han recibido poca atención crítica. Este estudio intenta explorar sus contribuciones desde la perspectiva multifocal de la teoría literaria poscolonial. El lector está llamado a considerar la importancia del lugar, desalojamiento, cimarronaje cultural, resistencia e identidad en las obras de casi veinte escritores. Estas fuerzas interconectadas últimamente subrayan y determinan la cosmovisión de cada escritor. Los siete capítulos que sostienen mi acercamiento analítico contienen la poesía y la ficción de escritores masculinos y femeninos —artistas verbales agudamente conscientes de la interacción entre forma y contenido, estrategias retóricas y lengua figurada—. Esta es una literatura en la cual historia, mito y enigma social revelan los desafíos de supervivencia, resistencia y afirmación al rastrear la experiencia negra desde África hasta el Ecuador. En el contexto afroecuatoriano, diáspora y desplazamiento son análogos. El desarraigo de África está repetido en el desalojo de pueblos hoy día.

Este libro consta de una introducción, "Las voces de Esmeraldas", y siete capítulos: 1. Antonio Preciado y Luz Argentina Chiriboga: dos figuras de transición; 2. Amada Cortez Caicedo: *Me llaman la cimarrona* y *Voces de la cimarronas*; 3. Orlando Tenorio Cuero, *Otra vez ella, el mar y los recuerdos* y Walter

Jacinto González Tenorio, *Las huellas digitales de mi pueblo*; 4. Irma Bautista Nazareno, *Entre poemas y cuentos*; 5. Diógenes Cuero Caicedo, *Tsunami: mitología y poesía, Las huellas de la carimba* y *Me quieren. . .quitar lo de negro*; 6. Las mujeres hablan: *Poesía de mujeres afroecuatorianas. Antología*; y 7. Josefina Martínez Godoy y dos nuevas voces: Carmen Cristina Hurtado Quintero y Máxima Angulo Borja. Al final se presentan las conclusiones.

Teóricamente, se puede leer las obras desde las perspectivas poscoloniales y feministas. En la introducción a *The post-colonial studies reader*, los editores Bill Ashcroft, Gareth Griffiths y Helen Tiffin (1995, 2) definen el tema básico de su libro:

> Post-colonial theory involves discussion about experience of various kinds: migration, slavery, suppression, resistance, representation, difference, race, gender, place, and responses to the influential master discourses of imperial Europe such as history, philosophy and linguistics, and the fundamental experiences of speaking and writing by which all these come into being. None of these is 'essentially' post-colonial, but together they form the complex fabric of the field.

La literatura afroecuatoriana de mujeres y hombres incorpora estas experiencias a sus obras en sus temas y cosmovisiones. En las comunidades negras del Ecuador las poblaciones todavía sufren los efectos perdurables de la esclavitud, el imperialismo, el neocolonialismo, el racismo y muchos otros síntomas de gente cuyas vidas tienen menos valor que la mayoría de la población "blanca" y "mestiza" de las clases dominantes.

Así que hay una relación directa entre la teoría poscolonial y la teoría feminista. Más adelante los editores de este libro, en cuanto a las mujeres, añaden: "They share with colonized races and peoples an intimate experience of the politics of oppression and repression, and like them they have been forced to articulate their experiences in the language of their oppressors" (Ashcroft, Griffiths & Tiffin, 1995, 173). Teorías feministas y poscoloniales intentan empoderar a los marginales al lado de los dominantes. No van a inventar otro lenguaje, sino utilizar el del opresor para informar al mundo del impacto de sus actitudes y acciones sobre las poblaciones oprimidas de mujeres y minorías.

En Esmeraldas, Ecuador, por ejemplo, las mujeres y los hombres sufren la sentencia de la historia como objetos de racismo, discriminación y opresión que ha sido su realidad desde la llegada de sus ancestros en el siglo XVI hasta hoy. No es sorprendente que sus interpretaciones de la realidad sean similares. Pero, dada las circunstancias sociales, las mujeres sufren una doble discriminación: mujer y negra. Como resultado, teóricamente, su literatura es un discurso de autoafirmación, de empoderamiento y de lucha contra las estructuras patriarcales. Las escritoras afroecuatorianas, al lado de los hombres, combaten la marginalización de sus escritos y su cultura, y buscan un lugar en la mesa canónica.

En un sentido general, la teoría feminista interroga los papeles de género y patriarcado en la escritura e interpretación de textos literarios. Vale la pena mencionar que, entre las grandes figuras de la teoría feminista que me han señalado (Katrak, Peterson, Minh-Ha, Spivak y otras), ninguna ha incluido interpretaciones de la literatura afrohispana en sus escritos. Encuentro muy útil la observación de Chandra Talpade Mohanty, quien interroga:

> [. . .] the assumption that all of us of the same gender, across classes and cultures, are somehow socially constituted as a homogeneous group identified prior to the process of analysis. Thus, the discursively consensual homogeneity of 'women' as a group is mistaken for the historically specific material reality of groups of women (P. Williams & L. C. Chrisman (eds.), 1994, 196–220).

Es decir, no todas las mujeres y sus experiencias son iguales, a pesar de apariencias y otras generalidades de género. Hay que reconocer también que todos los escritos de mujeres no son sinónimos de escritura feminista.

Las escritoras analizadas aquí no se llaman a sí mismas "feministas". La razón, según Miriam DeCosta Willis (2003, xxv), es porque no desean ser encasilladas por nombres como "feminista", "negra", "comunista", etc., y consideran feminismo una ideología euroamericana ajena a su cultura. Sin embargo, según DeCosta Willis (2003, xxv) afirma:

> In spite of such disclaimers, there is a decided feminist consciousness in the works of many contemporary Afra-Hispanic writers, who create strong and independent female characters; rewrite national history through their portraits of revolutionary women; describe grandmothers, othermothers, and literary foremothers who have shaped their work; support a female culture of artists and workers; examine women's inner worlds (their psychology and spirituality); underscore in their lives and works the importance of female deities such as Yemayá, Ochún, and Oya; write an 'autobiography of the body' that explores sexual desire and the female body; question femininity and women's traditional roles in patriarchal societies; examine the effect that silence, isolation, and invisibility have on female agency and creativity; and expose both private and public acts of violence and discrimination against women.

Ninguna de las poetas en este libro menciona la palabra "feminista" en el sentido teórico/abstracto, pero en su temática y cosmovisión hay, siguiendo el pensamiento de DeCosta Willis, un feminismo humanístico/práctico. Se evidencia en la capacidad de reconocer y escribir las historias de mujeres fundamentales a sus obras, el apoyo que han recibido de la cultura de mujeres, explorar su psicología y espiritualidad, y reconocer la importancia de las diosas del panteón africano a sus obras. La sexualidad, el cuerpo femenino y el papel de la mujer son otros temas. Su obra es un esfuerzo para demostrar agencia y creatividad femeninas al combatir el silencio, el aislamiento, la violencia y la invisibilidad de la mujer afroecuatoriana.

Como señalan Ashcroft, Griffiths y Tiffin el postcolonialismo y feminismo abarcan muchas posiciones teóricas paralelas, incluyendo ecocrítica y cimarronaje cultural. Esmeraldas es el sitio cultural y el lugar de origen de la mayoría de autores y autoras de textos analizados aquí. Es un lugar enigmático, porque reconocen la importancia de la "provincia verde" en el origen y presencia de la población. Pero, a la vez, se dan cuenta de la fragilidad del ecosistema y el daño causado por la explotación de recursos naturales, destrucción del medio ambiente y la avaricia humana. Esmeraldas debe su existencia a la búsqueda de la libertad y la lucha contra el cautiverio por parte de los negros.

El cimarronaje es un concepto clave en la teoría poscolonial. Abarca aspectos de diáspora, etnia, sincretismo, lugar, mestizaje, identidad y otros. La mejor definición y aplicación de este concepto en el marco de la experiencia negra se encuentra escrito por René Depestre en "Cimarronaje cultural. Génesis de la negritud", capítulo dentro del apartado "Saludo y despedida a la negritud" en el libro *África en América Latina* (Moreno Fraginals (rel.), 1997), donde interroga cómo reaccionaron los prisioneros africanos convertidos en esclavos ante la opresión y el racismo en las Américas. ¿Qué hicieron para mantener su humanidad e identidad? Huyeron de las plantaciones y otras instituciones, y encontraron refugio en las montañas y bosques donde reconstruyeron sus vidas mezclando las viejas y nuevas tradiciones culturales.

Al describir este proceso, Depestre comenta:

> Gracias a la facultad de la memoria colectiva y de la imaginaria, pudieron inventar nuevas reglas de vida en sociedad que reestructuraban su personalidad. Esta vital creatividad se manifestó en los más variados terrenos: desde los métodos de trabajo agrícola hasta las normas del matrimonio y la familia, desde la religión hasta el folklore, desde el lenguaje hasta los modos culinarios y de alimentación, desde el ritual funerario hasta la expresión corporal en las tradiciones motrices de

> la danza y el coito, desde la magia hasta la farmacopea popular, desde la música hasta la literatura oral y los juegos de sociedad, desde la forma de cargar a los niños hasta los peinados de las mujeres, desde la mitología hasta la resistencia armada (Moreno Fraginals (rel.), 1997, 346).

En lo que hoy es Esmeraldas se desarrolló una experiencia del cimarronaje que comenzó con la llegada de Alonso de Illescas y sus compatriotas en la costa en 1553. Añadían las dimensiones culturantes durante los siglos de lucha y resistencia para guardar la libertad y su identidad. Los y las cimarrones eran hombres y mujeres que mantenían ciertos valores culturales que han preservado en Esmeraldas hasta hoy. Cuando Depestre habla de la "vital creatividad" que "se manifestó en los más variados terrenos", señala la esencia de la literatura afroecuatoriana poscolonial (feminista-masculina y femenina). Capta aquí la mayoría de sus temas cuando hablan de "trabajo agrícola", "matrimonio y familia", "danza y coito", "magia", "farmacopea popular", "música", "literatura oral", "juegos", "peinados de las mujeres", "mitología" y "resistencia armada". Todos estos conceptos forman partes íntegras del sincretismo cultural que ha ocurrido en África, en su encuentro con las sociedades indígenas y europeas en las Américas, y especialmente en Ecuador. En cada uno de los escritores estudiados aquí hay una incorporación de esta cultura ancestral a sus obras, al reconocer que su existencia de hoy está basada en un legado de lucha, resistencia y afirmación.

Esmeraldas no es un sitio meramente teórico o imaginario, es la "patria chica" de la población negra más grande de Ecuador, y así es reconocida por los escritores estudiados aquí. Los habitantes vinculan su historia y presencia a acontecimientos del siglo XVI cuando en 1553 un barco de prisioneros africanos en vía al Perú naufragó en la costa de lo que es hoy Ecuador. Ellos escaparon y, a través de los años como gente libre, unieron las comunidades indígenas con los esclavos prófugos para construir sociedades independientes y palenques, para resistir la esclavización española. Formaron la base de la provincia de Esmeraldas de hoy, una verdadera "geografía negra".

En la terminología poscolonial, es su "lugar". Explicando este concepto y su significado, los editores de *Post-colonial studies. The key concepts* (Ashcroft, Griffiths & Tiffin, 2000, 182) escriben:

> But if we see place as not simply a neutral location for the imperial project, we can see how intimately place is involved in the development of identity, how deeply it is involved in history, and how deeply implicated it is in the systems of representation —language, writing and the creative arts— that develop in any society but in colonized societies in particular.

Los escritores en este análisis han desarrollado una relación de identidad entre su "yo", el lugar de sus interpretaciones en Esmeraldas y su significado cultural. El sentido del lugar está vinculado inextricablemente a la identidad, la historia y el proceso creativo. Cada uno de los escritores estudiados aquí tiene un poema o un cuento dedicado a Esmeraldas.

Subsecuentemente, la dimensión ecocrítica es fundamental para las interpretaciones literarias de aspectos de la provincia de Esmeraldas. Brevemente, comentan Glotfelty y Fromm (xvii): "[. . .] ecocriticism is the study of the relationship between literature and the physical environment". En Esmeraldas hay una relación simbiótica entre la población y el medio ambiente físico. Es una codependencia en la cual la naturaleza no está vista como una fuerza destructiva, sino como una entidad que sostiene las vidas de muchas personas en la "provincia verde", gracias a sus ríos, bosques, plantas, insectos y animales. Glotfelty y Fromm (1996, xix). exponen sobre la importancia de la ecocrítica respecto al canon teórico de la siguiente manera:

> Despite the broad scope of inquiry and disparate levels of sophistication, all ecological criticism shares the fundamental premise that human culture is connected to the physical world, affecting it and affected by it. Ecocriticism takes as its subject the interconnections between nature and culture, specifically the cultural artifacts of language and literature. As a critical stance, it has one foot in literature and the other on land; as a theoretical discourse, it negotiates between the human and the nonhuman.

Como las teorías poscoloniales y feministas, la teoría ecocrítica ofrece muchas opciones al interpretar las interconexiones entre "naturaleza y cultura" y "lengua y literatura" en Esmeraldas. Muchos de los textos interpretan el medio ambiente —físico, social, espiritual— y se expresan en la cultura hablada y escrita de la gente negra.

En su introducción "Luminar sobre la obra" al *Tributo a Adalberto Ortiz Quiñonez y a la poesía negra en el Ecuador*, Juan Francisco Morales Suárez precisa algunos de los problemas estructurales en la provincia de Esmeraldas y sus impactos negativos en el desarrollo cultural. Según Morales Suárez, hay tres razones históricas que explican la situación actual: la revolución liberal, la propiedad de la tierra y la existencia real y cierta de grandes mayorías esclavizadas en Esmeraldas. Morales Suárez ha observado:

> En nuestra labor de juez, hemos podido aquilatar y comprobar que enormes sectores de Esmeraldas se hallan en la misma situación en que vivieron hace 200 y

> 300 años, sus ancestros. La ausencia de una estructura total de educación de calidad, primaria, secundaria y universitaria, impide que esta provincia produzca por ejemplo, administradores públicos de elevada aptitud, realidad que se constate en la menguada estética de las urbes y la ausencia incomprensible de servicios básicos (Tenorio Cuero (ed.), 2017, 20).

Para él, la educación es la clave del progreso y el desarrollo. Sin educadores, administradores públicos, políticos ni ciudadanos bien educados, la sociedad general se estanca. El impacto en el desarrollo intelectual es aún más profundo:

> En Esmeraldas no existe ninguna biblioteca de ciencias humanas y técnicas o científicas, de calidad, en donde las personas puedan nutrir su alma y su ser. Aparte de la biblioteca de la Casa de la Cultura, con sus instalaciones antiguas, cuando no obsoletas, por incuria de esas autoridades locales y salvo honrosas excepciones, aquella falta de capacidad administrativa local, derivada de la marginación cultural, no existen otras de cierta importancia. Librerías no existen, lo cual es atroz. Sin bibliotecas y sin librerías estamos condenados a la marginalidad de modo sempiterno (en Tenorio Cuero (ed.), 2017, 20).

A pesar de esta visión pesimista de la realidad, los escritores esmeraldeños siguen produciendo literatura de alta calidad gracias al talento, la capacidad de prevalecer, la voluntad, la fe y la suerte. Hay una tradición literaria que alberga escritores destacados como Adalberto Ortiz, Nelson Estupiñán Bass, Antonio Preciado, Amada Cortez Caicedo, Orlando Tenorio Cuero, Irma Bautista Nazareno, Diógenes Cuero Caicedo y muchos y muchas más.

"Hierve la literatura afro en Ecuador" es el título de una columna de opinión que fue publicada en la sección "Cultura", en *El Comercio* el 28 de julio de 2012. Dice: "La literatura afro en Ecuador se ha caracterizado por ser aguerrida, por contener letras enojadas, por ser olla que hierve" (2012). De acuerdo con el artículo, Nelson Estupiñán Bass, Orlando Tenorio, Antonio Preciado y Diógenes Cuero Caicedo son exponentes de esta literatura. Estas características han existido en la literatura afroecuatoriana en el pasado, existen en el presente y hay indicios de que continuarán en las generaciones del futuro.

Hago una lectura e interpretación de los textos desde una perspectiva poscolonial, es decir, que para abordar esta diversidad de autores y textos, es necesario utilizar una plétora de acercamientos, aunque Esmeraldas sea el punto de partida de la mayoría de estos viajes literarios. El itinerario es de África a Esmeraldas. El tema en común que tienen los escritores es el cimarronaje cultural, o sea, la necesidad de conservar aspectos de las enseñanzas relacionadas con el pasado africano frente a un intento generalizado de disminuir la importancia de los afroecuatorianos en la sociedad.

Por consiguiente, estos autores hacen una literatura de resistencia y afirmación en la que interpretan la experiencia negra desde el momento de la captura de los prisioneros en África, la Travesía (el cruce forzado del océano), la experiencia de esclavitud, la vida palenquera/cimarrona, el significado de la abolición de la esclavitud/la liberación y la existencia en una sociedad multiétnica y pluricultural. Asimismo, estos escritores afroecuatorianos analizan la intrahistoria nacional y la yuxtaponen a la versión oficial acerca de su presencia.

En muchas de sus obras los escritores afroecuatorianos interpretan Esmeraldas, la provincia, como si fuera el Edén, el paraíso y la cuna de la cultura costeña. Esta actitud es evidente en poemas como "Esmeraldas, diosa del mar" de Orlando Tenorio Cuero, "Diosa verde" de Telia Estupiñán Cortez, "Esmeraldas" y "Los años verdes" de Antonio Preciado, "Canto a Esmeraldas" de Luz Argentina Chiriboga, "Sinfonía verde" de Nelson Estupiñán Bass, "Evocación de Esmeraldas" de Adalberto Ortiz, "Qué retumben los tambores" y "La destrucción del manglar" de Julio Micolta, "Cantar de los cantares a Esmeraldas" de José Sosa Castillo, y tres poemas de Josefina Martínez Godoy. A pesar de los títulos, los escritores se dan cuenta de que, en el fondo, no todo es tan positivo, es decir, que las apariencias a veces engañan. Todos los escritores enfatizan la relación entre la naturaleza, seres humanos y literatura.

"Diosa verde" y "Esmeraldas, diosa del mar" son los primeros a considerar. En el libro *Azabache* (1983), en el primer poema de Estupiñán Cortez un apóstrofe a una presencia física y efímera se dirige a "mi diosa verde esperanza, / con tus galas siempre verdes" (Estupiñán Cortez, 1983, 313). La anáfora en los dos primeros cuartetos, "Esmeraldas tierra mía" muestra la conexión duradera entre la voz poética y la existencia física del lugar. Exalta la belleza y la tranquilidad del lugar, un verdadero "paraíso del amor" / "bella gema tropical" (Estupiñán Cortez, 1983, 313).

Los dos poemas hablan de Esmeraldas como si su presencia fuera divina, al igual que en "Esmeraldas, diosa del mar" de Orlando Tenorio Cuero, en donde viene "surgida desde el fondo / del mar" (2003, 25). Parece haber una metamorfosis de la voz poética y de Esmeraldas, cuna omnipresente:. . .

Convertida en un ángel amoroso
entra descalza a mi alcoba,
me muestra sus senos de chontaduro,
trepa las cuestas de mi desesperación

> y como el mar agita sus aguas
> en mi sangre (Tenorio Cuero, 2003, 25).

Hay una identificación física y espiritual con Esmeraldas. Estos dos poemas recuerdan una Esmeraldas del pasado, con su belleza natural intacta en un ambiente de armonía natural y humana. Es una relación de amor recíproco en la cual la voz poética se da cuenta de que van a venir cambios. En el segundo poema afirma:

> Luego se marcha misteriosamente,
> dejando mi alma sobre leños
> ardiente de amor,
> y yo, retorno otra vez a ti, Esmeraldas (Tenorio Cuero, 2003, 25).

Esta humanización de Esmeraldas como si fuera un amante muestra el profundo amor que la voz poética siente hacia su tierra natal. Los poemas "Diosa verde" de Estupiñán Cortez y "Esmeraldas, diosa del mar" de Tenorio Cuero intentan elevar la idea de Esmeraldas a una dimensión que va más allá de la física, y convertirla así en una realidad concreta y a la vez fundamental del imaginario colectivo.

Pero quizá el poema que mejor capte la esencia de Esmeraldas es "Sinfonía verde" de Nelson Estupiñán Bass. Según el poema, el color verde tiene un origen celestial porque viene de un rayo verde, "caído / del infinito bolso de la luz" (Estupiñán Bass, 1991, 151). Este rayo dio origen al Jardín del Edén donde Adán tuvo un comienzo verde. La metáfora se extiende por todo el poema. El verde es generalmente un símbolo positivo. Según Jack Tresidder (1998, 94), "Universally associated with plant life (and by extension with spring, youth, renewal, freshness, fertility and hope), green has acquired powerful new symbolic resonance as the modern emblem of ecology".

"Sinfonía verde", "emblema moderno de la ecología", empieza con un tono positivo que exalta las virtudes del color y su relación con el universo. Según la voz lírica, al principio de la existencia de la Tierra, "Todo fue verde / la hierba, los vientos, la lluvia, los pájaros, las plantas, y los aromas" (Estupiñán Bass, 1991, 152).

La imagen del Paraíso se proyecta a lo largo de gran parte del poema. El color verde remite a la renovación, la frescura y la fertilidad del reino vegetal y animal. También son verdes "el horizonte" y "la luna auroral". Pero el hombre interviene en este mundo casi perfecto. La voz lírica habla del procreo. Empieza con "Mas hoy hermano guayacán, el hombre / víctima de una pasión frenética sin nombre /

te acosa enloquecido con hacha y motosierra" (Estupiñán Bass, 1991, 158); y sigue con una letanía de destrucción del ambiente después de hacer la conexión inalterable entre el cielo, la tierra, los seres humanos y el medio ambiente, que están en peligro por los actos irresponsables. Vale la pena señalar que el guayacán es un símbolo casi sagrado en la obra y la vida de Nelson Estupiñán Bass. Cuando lo enterraron, utilizaron parte de sus cenizas para plantar guayacanes en su memoria en Súa, Esmeraldas.

La voz lírica mantiene una actitud positiva hacia la naturaleza, para poetizar su preocupación por el futuro de la Esmeraldas del pasado y una amenaza del presente.

> Por si esto fuera poco, una maldición
> nos ha caído: la petrolización
> que acabará contigo, conmigo y con la Tierra (Estupiñán Bass, 1991, 158).

La trayectoria de "Sinfonía verde" es del Paraíso al Infierno. La Naturaleza y su primordial pureza es el punto de partida del poema, que nos lleva del Jardín del Edén hasta la Esmeraldas contemporánea. Hay un cambio gradual del color verde, que lo abarca casi todo, hasta la actualidad donde una "maldición" ha llegado en la forma del petróleo, que representa un final apocalíptico de todo. El ambiente prístino ya no existe y la voz lírica le implora al lector que observe los resultados de la "petrolización". Los líderes han escogido el dinero y sacrificado a la Madre Naturaleza.

Quizás el peor impacto esté en el río, con su corriente contaminada, sus peces muertos, en un estado moribundo. Esta última escena evoca la decadencia y la muerte, antítesis del color verde, a través de sus imágenes ("enfermo", "manchada", "féretros", "envenenada", "fúnebres").

La voz poética les informa a los lectores que hay aún más observaciones críticas en relación a los cambios negativos: "si vais más adelante: contemplaréis / las fúnebres cortinas / de un entierro" (Estupiñán Bass, 1991, 158). En conclusión, "Sinfonía verde" es una construcción y deconstrucción de la idea de Esmeraldas como un paraíso verde. El poema comienza elaborando las virtudes del color verde en el contexto mítico y mundial por medio de su simbolismo. En la última estrofa la realidad interrumpe la fantasía de una Esmeraldas perfecta y presagia una distopía.

"Esmeraldas" de Antonio Preciado también rinde un homenaje a la provincia, especialmente a su materialidad. Es como un refugio que a través del tiempo renace en todo su verdor: "Entre el agua del mar / y el agua coloquial de un río manso" (1992, 196). Esmeraldas, con sus recursos naturales, es una presencia que sostiene la vida de un pueblo y una provincia.

Otro poema de Preciado más completo es "Los años verdes" del libro *De sol a sol* (1992). Es un poema ambiguo que representa el choque entre la promesa y la realidad de Esmeraldas. Al principio de "Los años verdes" la voz poética expresa:

> Fue cuando nos dijeron
> que este era el paraíso reservado
> para cuando las lluvias
> agotaran los cielos (Preciado, 1992, 208).

"Nos" no está identificado en el poema, pero es la fuerza que motiva la voz poética, que parece estar entre la lluvia física y el torrente de palabras que la acompaña. Acepta la actitud "y era que nos decían que teníamos / la tierra más en flor del universo". Esmeraldas, con su lluvia que da vida y su perfil de paraíso, parece ser un lugar ideal. Pero la realidad es distinta: "hablaron del banano / del destino, / de la barriga llena, / del corazón intento", frente a una población vulnerable:. . .

> y nos tragamos verde la mentira,
> y se volvieron verdes nuestros sueños,
> verde la voz,
> verde lo que decía,
> y verde el bananal
> y verde el tiempo
> y verde fue el dolor del campesino (Preciado, 1992, 208).

La metáfora verde, expresada al principio del poema para referirse al optimismo asociado con el paraíso de Esmeraldas, ya se ha convertido en un símbolo del mal y de los sueños no realizados. Todo el verdor optimista asociado con el bienestar y el progreso del pueblo ha desaparecido con los sueños, ahora convertidos en mentiras.

La voz lírica contrasta sus "temores negros" del presente con sus "verdes recuerdos" al contemplar su lugar en el universo. Presiente que su fin está cerca porque es "uno de aquellos que comprenden / todo lo que de veras nos han hecho". A su vez, se identifica con la tierra que "en mí no cesa. . .y un día de estos, / corazón, me siembra". A pesar de la historia de esperanza y engaño, la voz lírica permanece fiel a su idea sobre Esmeraldas.

"Evocación de Esmeraldas" es un soneto de Adalberto Ortiz que expresa una actitud ambivalente hacia la provincia. Los cuartetos evocan el pasado y contrastan con los tercetos. Hay armonía entre "la plácida ciudad de mis ancestros", "los ríos" y "los bosques". La voz poética también recuerda elementos de la cultura popular, con sus "sones marimberos" y "cantando guitarreros". Es un pasado memorable que elogia con un apóstrofe poderoso: hablando de la "tierra rumorosa, la tagua, el caucho, el coco y el pescado" (Ortiz, 1973, 56). Aquí, la ironía implícita es que, a pesar de contar con recursos naturales, estos no han facilitado el progreso humano. Parece que el modelo de progreso ha pasado de una base agrícola a una industrial y ha tenido un impacto negativo. El último terceto presenta esta realidad: "Adiós suave ciudad verde cabellera, / ya no te conozco —tu cara se ha mudado— / al verte convertida en la sucia petrolera" (Ortiz, 1973, 56). El progreso tiene un precio.

En su libro, *Tapao, canción y miscelánea: apología rimada* (1996), Julio Micolta Cuero dedica varios poemas a Esmeraldas, a la que caracteriza como "edénica gema del mundo" (1996, 56). "¡Qué retumben los tambores!" es el poema que mejor capta la esencia de su mensaje: "Ay, quien la ve se enamora / porque es primavera pura / con un verdor que perdura" (1996, 123). La voz lírica se identifica con Esmeraldas al humanizar la provincia. Tiene la misma actitud que otros poetas en relación con su "verdor" y su "capacidad ensoñadora". La diferencia es el hondo sentimiento de amor "sin condición" que expresa la voz poética. El título del poema está relacionado con la coexistencia entre Esmeraldas y el Pacífico, que produce el sonido de tambores.

"Y el mar con su movimiento / me arrulla en su son profundo" (1996, 127) es la actitud expresada. "Sí ella vive en el mar" se repite varias veces en el poema. La idea del amor incondicional recíproco entre la voz poética y la provincia es una realidad.

En cuanto a la interpretación que Micolta Cuero hace de Esmeraldas, otro poema destacado es "La destrucción del manglar". Mientras varios poetas han escrito sobre la relación simbiótica entre las concheras, el manglar y sus cosechas, este poema de Micolta Cuero ofrece una perspectiva distinta. Los habitantes articulan sus preocupaciones por el medio ambiente y su futuro.

En "La destrucción del manglar" la voz lírica recuerda su encuentro con los habitantes del lugar. Esta décima empieza con el siguiente intercambio:

> La señora Concha Prieta
> vino ayer a visitarme
> con el afán de contarme
> un asunto que le inquieta.
> Me dijo: señor poeta

vengo a quejarme ante usía
por lo que pasa hoy en día
de norte a sur en mi tierra,
porque acá la motosierra
corta con mucha porfía (Micolta Cuero, 1996, 127).

La señora Concha Prieta sirve de portavoz de los demás al expresar sus inquietudes tocantes a la destrucción del medio ambiente. La mecanización representada a través de la motosierra es la responsable. No es solamente la señora Concha Prieta quien sufre de los actos destructivos, sino también las otras criaturas del agua y el lodo.

Estas conversaciones tienen lugar en un medio natural construido en forma de una casa, "la mansión del estuario", donde los habitantes entran para expresarse. Por ejemplo, don Cangrejo declara: "yo me quejo, / acuso persecución / de la fatal ambición / que me arrasa con su rejo" (Micolta Cuero, 2008, 48). Luego llega a la sesión un respetable molusco: "¡justicia, justicia busco, / gritaba a todo pulmón!". Y el señor Ostión:. . .

¡golpeando fuerte la mesa!
se quejó con furia expresa
porque lo están persiguiendo
a sol y sombra, extinguiendo
su vital naturaleza (Micolta Cuero, 2008, 48).

La concha prieta, el cangrejo, el molusco y el ostión están luchando para lograr el mismo objetivo: poner fin a la extinción de su "vital naturaleza". Cortar el manglar deja entrar otros organismos naturales y humanos que dañan el agua, las plantas y los animales.

Los cuatro indicados no son los únicos que protestan, porque "Se quejan todas las aves, / peces, crustáceos y ostras: La destrucción de miles de hectáreas de manglares eliminan su lugar" (Micolta Cuero, 2008, 49).

Los animales se reúnen para proteger su hábitat natural porque entienden la importancia de los manglares para el bienestar de los seres humanos, la flora y la fauna. Víctimas de la motosierra y el rejo, los que dependen de los manglares para mantener su salud y su vida quieren proteger la vital naturaleza; buscan el apoyo de los seres humanos quienes "se rebelan protestantes" junto a la gente de Esmeraldas "que rechaza tenazmente / ¡la destrucción del manglar!" (Micolta Cuero, 2008, 49).

En este poema Julio Micolta Cuero interpreta una situación central para el mantenimiento y el desarrollo de la cultura esmeraldeña. Los manglares son esenciales para mantener la salud del ecosistema y proteger las costas y los estuarios de la erosión y los diluvios.

"Cantar de los cantares a Esmeraldas" de José Sosa Castillo es un apóstrofe anafórico que elogia las virtudes de la provincia de Esmeraldas. El poema es una afirmación de la lealtad y la cohesión entre los seres humanos y la naturaleza, que el ambiente representa en estos versos:

> Por ti el simple sonido se hace canto
> y la voz gutural de los esteros
> en líquida palabra se transmuta
> para llegar a conversar contigo (Sosa Castillo, 1986, 168).

La voz lírica proclama que todo es posible al afirmar los valores positivos de Esmeraldas y al expresar la armonía de los elementos del lugar. Parece que hay magia en su capacidad transformativa: sonidos en cantos, voces en conversaciones bajo un cielo "con millares de dientes celestiales", como metáfora de las estrellas. Pero Esmeraldas inspira más al trabajador: "Por ti el trabajador en sus batallas / transforma las derrotas en victorias" (Sosa Castillo, 1986, 68). Es decir, la mera presencia de Esmeraldas pueda alterar el destino humano y el proceso natural; en la cosmovisión de Sosa Castillo, es una fuerza que engendra y protege.

Josefina Martínez Godoy ha publicado varios poemas que interpretan el intertexto cultural de Esmeraldas. Tres de ellos en la revista cultural *Tierra Verde*: "Tierra fecunda", "Prado" y "Encanto". Los tres conectan la realidad física de la provincia con la experiencia negra, desde la Travesía hasta la actualidad. "Tierra fecunda" empieza con la misma imagen de un paraíso terrenal, igual que muchos otros poemas esmeraldeños, elogiando su "tierra fecunda", "ríos y montañas", "valles", "llanuras" y "playas", pero sobre todo su lugar como "biodiverso santuario de la naturaleza" (Martínez Godoy, 2016, 50). El poema consta de imágenes del cielo y de la tierra que construyen este ambiente placentero de la naturaleza. Frente al océano Pacífico este santuario biodiverso es un *locus amoenus* del Ecuador.

La voz lírica demuestra una dimensión histórica también cuando evoca una imagen de África y del acto brutal de toma de prisioneros para esclavizarlos en América. Si bien los prisioneros traen consigo elementos culturales que los ayudan a sobrevivir en la nueva tierra, como los tambores y el ritmo, estos elementos no pueden disminuir el sufrimiento ni soslayar la marca profunda dejada por el negrero y su tráfico humano; está presente en la memoria colectiva. Es una realidad visceral que aún "[. . .] navega por lo recóndito, de mis arterias" (Martínez Godoy, 2016, 50). Es decir, un lugar físico no puede compensar el daño mental y espiritual causado por la esclavitud. Sin embargo, allí han encontrado un sentido de pertenencia después de haber sido arrancados del África. En la unidad han construido un sentido de comunidad en relación con el entorno natural de Esmeraldas.

"Tierra fecunda" es un poema de construcción de la identidad esmeraldeña, basada en las experiencias del pasado y la esperanza del futuro. La voz poética, en los últimos versos, define el cimarronaje cultural al declarar que van a "cuidar", "reinventar", "luchar" y "conservar en la memoria colectiva, el caudal / vigoroso de la savia llegada, de mi África ancestral". Naturalmente, la experiencia de la esclavitud es traumática, pero los negros han sacado ventaja de su espíritu de lucha y la memoria colectiva para crear un nuevo sentido de identidad y de comunidad en Esmeraldas.

Esta actitud edénica sigue en el poema "Prado", que incorpora la naturaleza, lo ancestral, la diversidad étnica, y empieza con la evocación de imágenes placenteras. El prado estimula recuerdos del pasado con el abuelo y su tiempo en esta tierra prometida. Sigue una síntesis del medio ambiente y la cultura en esta escena ecocrítica donde paisaje, poesía y humanos se unen:

> Extraña fuerza me poseía
> enlazó mis manos ariscas
> sonreía la hierba húmeda,
> fragancias de guayacanes,
> inundaba el ambiente,
> planté mis pies desnudos,
> y al son de los tambores,
> embelesada, extasiada.
> mis pasos convidaron
> al abuelo negro,
> que mostraba el sendero
> y camino a la diáspora.
> miré el barco negrero
> destrozarse en los arrecifes (Martínez Godoy, 2016, 51).

En el prado la voz lírica revive la experiencia del cruce forzado del océano y la diáspora por medio de los recuerdos compartidos con el abuelo. Las imágenes de él están convocadas por los tambores ancestrales que han persistido. La última es la imagen de la llegada de los africanos en 1553 a lo que es hoy Esmeraldas. La experiencia de crear un ambiente hospitalario parecido a África es el siguiente paso de la voz poética, allí es donde finalmente encontraron su "lugar": "hacia la selva virgen, / entre el manglar y la tundra, / plantamos nuestras casas" (Martínez Godoy, 2016, 51).

La selva y los ríos proporcionaron un ambiente seguro y aislado donde pudieron existir gracias al cimarronaje cultural. La voz poética introduce otro elemento humano: "los hermanos indígenas", con quienes vivían "en completa libertad". La relación entre africanos e indígenas no fue siempre tan amable por las diferencias culturales. La aculturación dio como resultado un mestizaje, el surgimiento de una etnia en Esmeraldas. Esta coexistencia fue interrumpida "por el explotador", que impuso su manera de vivir en la población. La resistencia histórica a él es uno de los capítulos más importantes de la existencia de los esmeraldeños.

"Encanto" resume la actitud de la poeta hacia la naturaleza y su esplendor. Los primeros versos evocan una imagen de la Madre Tierra: "Verdor de bosque, olor a tierra / madre, fecundada, / guardas en tu seno / al secreto" (Martínez Godoy, 2016, 51). La voz lírica es testigo de la presencia magnífica de la naturaleza, con la cual está en armonía. Hay una identificación y una integración con el bosque que afecta el sentido de ser de la voz poética. Los olores, los sonidos y la percepción visual son esenciales en esta relación simbiótica; en suma, "eres mi encanto / joya preciosa".

Como la mayoría de los escritores que interpretan el intertexto cultural de Esmeraldas, Josefina Martínez Godoy ofrece una visión positiva. Tiene la capacidad de distinguir entre el contexto natural y la realidad social de la provincia. Dentro de este entorno idílico hay un cimarronaje cultural de resistencia al olvido manifestado en las tradiciones, los mitos, las prácticas religiosas y culinarias, el folclore y la misma cosmovisión de los afroesmeraldeños.

Luz Argentina Chiriboga introduce la dimensión histórica de Esmeraldas en su "Canto a Esmeraldas". En la primera estrofa la voz poética llama a Esmeraldas "Sirena aterciopelada, / con tu imagen esmaltada", y en la siguiente elogia a uno de los héroes esmeraldeños: "Alfaro / nuestro Viejo Luchador / Gigante del Ecuador" (1999, 89).

El poema alterna entre descripciones de la provincia y los héroes que esta ha generado. Hay una autoidentificación: "Por ti me juego la vida / Provincia donde nací", y humanización de Esmeraldas: "Tu cuerpo de primavera / con sonrisa marinera". La voz poética menciona a escritores de la negritud, pero pone más énfasis en los libertadores como Vargas Torres y Carlos Concha (Chiriboga, 1999, 90). Esmeraldas, como generadora de héroes y libertadores, es la cuna de la resistencia a la opresión y partidaria de la creatividad artística. El apóstrofe es el recurso retórico que predomina en el poema y subraya la actitud positiva hacia la dimensión física de la provincia. Las frases "Mi tierra", "Mi suelo" y "Mi provincia", que están al comienzo de varias de las últimas estrofas, enfatizan la idea de pertenecer a Esmeraldas y a su cultura.

Alterna la voz poética entre la belleza natural y su papel histórico. Es una provincia de mucho valor, orgullosa de su espíritu de rebeldía. Vargas Torres es el representante máximo de esta actitud; es "[. . .] el guerrillero / cuya estatura y su fuero / nos dieron lumbre gloriosa" (Chiriboga, 1999, 93); y producto de esta "Joya siempre azulverdosa / por su noble patriotismo / reniega del centralismo / que esparce desigualdad" (1999, 93). Esmeraldas y Vargas Torres son inseparables como exponentes de la belleza, la gloria y la justicia de la región. Esmeraldas personifica la lucha contra el "demencial egoísmo" y el racismo.

"Canto a Esmeraldas" es similar y, a la vez, diferente de los otros poemas analizados. La mayoría de los poemas elogia la dimensión física de la provincia mientras que el poema de Chiriboga añade el aspecto sociopolítico. En esta misma vena está escrito el poema "Vargas Torres, ¿héroe o mártir?" de Orlando Tenorio Cuero. La voz poética elogia los logros del coronel y le asigna características heroicas, pero al fin entiende que las posibilidades de revolución son limitadas.

La lección de Vargas Torres es que no hay una solución inmediata a los problemas que han existido por siglos. Él ha instalado la esperanza que tras la larga noche viene un amanecer de cambios. Todavía están esperando.

En esta discusión de la poesía es evidente que la geografía natural y la humana convergen en las cosmovisiones de estos escritores afroecuatorianos, en sus interpretaciones ecocríticas y poscoloniales. Esmeraldas, su entorno, su historia, su sociedad, proporcionan el material y la motivación de estos acercamientos a los escritores en sus búsquedas del alma esmeraldeña. Las voces de Esmeraldas expresan su amor y solidaridad con la provincia, su presencia física y espiritual. Es su "lugar" en el mundo, donde muchos nacieron, establecieron su identidad y forjaron su futuro. Hay un sentido de historia en sus obras: reconocen la importancia de la lucha y resistencia de los ancestros africanos en su presencia, pero es la Esmeraldas antropomórfica, física y espiritual la que los sostiene.

Obras citadas

(2012). "Hierve la literatura afro en Ecuador", en diario *El Comercio*, 28 de julio de 2012, http://www.elcomercio.com.ec/tendencias/cultura/hierve_literatura afro.

Ashcroft, B.; Griffiths, G. & Tiffin, H. (1995). *The post-colonial studies reader*. Routledge.

___. (2000). *Post-colonial studies. The key concepts.* 2nd edition, Routledge.

Chiriboga, L. A. (1999). *Palenque: décimas.* Instituto Andino de Artes Populares.

Talpade Mohanty, C. (1994). "Under western eyes. Feminist scholarship and colonial discourse", in P. Williams & L. C. Chrisman (eds.), *Colonial discourse and post-colonial theory. A reader.* Columbia University Press.

DeCosta Willis, M. (2003). *Daughters of the diaspora. Afra-hispanic writers.* Ian Randle Publishers.

Depestre, R. (1997). "Saludo y despedida a la negritud", en M. Moreno Fraginals (rel.), *África en América Latina*, Siglo Veintiuno editores.

Estupiñán Bass, N. (1991). *Esta goleta llamada poesía.* Casa de la Cultura Ecuatoriana.

Estupiñán Cortez, T. (1983). *Azabache.*

Glotfelty, C. & Fromm, H. (eds.). (1996). *The ecocritical reader. Landmarks in Literary ecology.* University of Georgia Press.

Martínez Godoy, J. (2016). "Tierra fecunda", "Prado", "Encanto", en *Revista Cultural Tierra Verde*, vol. 14, p. 50.

Micolta Cuero, J. (1996) *Tapao, canción y miscelánea. Apología.* Ciudad de los muchachos.

___. (2008). *Décimas y motivaciones de la tierra verde.* Esmeraldas, Casa del Poeta Ecuatoriano-Peruano.

Morales Suárez, J. F. (2017). "Luminar sobre la obra", en O. Tenorio Cuero (ed.), *Tributo a Adalberto Ortiz y a la poesía negra en Ecuador*, Casa de la Cultura Ecuatoriana.

Ojeda de San Martín, C. (2006). *El libro blanco y verde de Esmeraldas.* Esmeraldas, Fundación Carlos Ojeda San Martín.

Ortiz, A. (1973). *Fórmulas. El vigilante insepulto, tierra, son y tambor.* Casa de la Cultura Ecuatoriana.

Preciado, A. (1992). *De sol a sol.* Libresa.

Sosa Castillo, J. (1986). *Canción testimonial.* Banco Central del Ecuador.

Tenorio Cuero, O. (2003). *Otra vez ella, el mar y los recuerdos.* Quito, Letramía.

Tresidder, J. (1998). *Dictionary of symbols. An illustrated guide to traditional images, icons and emblems.* Chronicle Books.

I

ANTONIO PRECIADO Y LUZ ARGENTINA CHIRIBOGA, DOS FIGURAS DE TRANSICIÓN

Antonio Preciado Bedoya y Luz Argentina Chiriboga son los más conocidos escritores afroecuatorianos de hoy. Los dos han publicado múltiples libros en los que se interpreta la realidad ecuatoriana. Preciado empezó su carrera literaria durante la época de Adalberto Ortiz Quiñones y Nelson Estupiñán Bass, los pioneros del discurso negro en Ecuador, y ha continuado su producción en el siglo XXI. Preciado ha publicado, hasta hoy, doce libros de poesía y cinco antologías, comenzando con el libro *Jolgorio* (1961). Chiriboga ha publicado siete novelas, siete libros de poesía y cuatro libros de ensayos y otros textos culturales. Empezó su carrera con la novela *Bajo la piel de los tambores* (1991). Cronológica y conceptualmente, Preciado y Chiriboga siguen las huellas de sus antecesores literarios, Ortiz y Estupiñán Bass, y sirven de puentes entre la generación anterior y la presente. Los cuatro han recibido atención crítica positiva en Ecuador y en el exterior debido a la calidad de sus obras.

Discuto en este capítulo algunos de sus textos más representativos: *De lo demás al barrio* (2013), poemas de Preciado, y *Palenque* (1999) —poemas—; y *Desde la sombra del silencio* (2010), novela de Chiriboga. Aunque tengan casi la misma edad y son de Esmeraldas, la primera publicación de Chiriboga salió treinta años después de la de Preciado. Sin embargo, comparten muchos temas e interpretaciones de la cultura afroecuatoriana, especialmente sobre la diáspora, el cimarronaje cultural, la resistencia y la identidad. Los dos son muy conscientes de las relaciones entre etnia y literatura.

Antonio Preciado. De lo demás al barrio (2013)

En cuanto a la obra de Preciado, Michael Handelsman ha publicado un excelente ensayo analizando su obra como "poeta de la diáspora" (2011, 133), en el contexto de la literatura. Antonio Preciado sigue la misma trayectoria literaria de la mayoría de los escritores negros de Hispanoamérica, incluidos sus compatriotas Adalberto Ortiz y Nelson Estupiñán Bass; estos comienzan afirmando su identidad étnica y luego hacen una transición hacia lo "universal". En relación con el caso de Preciado, Esther Bermejo escribe: "Preciado parte desde su identidad ancestral, como él mismo dice, hacia el hombre universal" (1992, 23). Antonio Preciado ha declarado lo siguiente:

> Ese reconocimiento ancestral en nosotros es una necesidad, es bueno saberlo —¡cómo no!—, pero no como para quedarse anclado en ese reconocimiento. No podemos adormecernos en la ensoñación acerca de ese pasado. Es más bien, para vigorizarnos en el presente acerca de lo que tenemos que hacer ante lo que tenemos que ganar en el futuro (en *Letras del Ecuador*, 1990, 24).

Esta actitud es fundamental para el entendimiento de la obra de Preciado. Cuando se dice que no se puede clasificar a Antonio Preciado como un "poeta negro", hay que recordar que sin la dimensión ancestral/étnica, él es otro de los miles de poetas ecuatorianos que terminan probablemente en el anonimato.

Antonio Preciado ha reiterado su actitud hacia la poesía y el color en una entrevista con Rodrigo Aguilar Orejuela cuando dice "La mayor parte de mi poesía no está centrada en la negritud". Preciado añade:

> Mi poesía está centrada en una preocupación general por el hombre, por el ser humano amplio, genérico, universal, partiendo de la convicción de que primero soy hombre, después soy un hombre negro. Toco la realidad de la negritud como tal, pero ligada también, eslabonada, articulada, vertebrada a la realidad del hombre en general. Estoy obligado a decirle esto porque mucha gente considera que como soy un poeta negro mi poesía es negra. La poesía no tiene color; las realidades del hombre negro las puede tocar un poeta que no sea negro, que no tenga en la piel la carga que yo tengo, que no sea de mi etnia. Si se afirma que mi poesía está exclusivamente centrada en la negritud, no hay conocimiento profundo de ella (*Antonio Preciado: la poesía no tiene color*, 2014).

La preocupación por el "ser humano amplio" es evidente en las contribuciones del autor. Temáticamente, sus obras van más allá de lo negro: interpreta la naturaleza, el amor/desamor, la injusticia social, Esmeraldas y su gente, la religión, la muerte, la amistad, el arte de la creación y otros temas de los grandes escritores. Claro, "la poesía no tiene color", pero la mejor poesía de un grupo étnico muchas veces viene desde adentro.

Recientemente, Antonio Preciado ha publicado dos libros: la antología *Con todos lo que soy* (2013) y *De lo demás al barrio* (2013), poemas de temática variada. Mi enfoque es la segunda publicación. *Con todos lo que soy* incluye selecciones de otros libros del autor: *Más acá de los muertos* (1996), *Tal como somos* (1969), *De sol a sol* (1976), *De ahora en adelante* (1993), *Jututo* (1996) y *De boca en boca* (2005). Las selecciones son algunas de sus mejores contribuciones al género, y son discutidas por varios críticos.

Desde mi enfoque, *De lo demás al barrio* parece presentar poemas originales que tocan temas humanos desde múltiples perspectivas. Este libro está dividido en diez secciones: "El índice", "Once hombres", "La paz armada", "Fotografías cogidas al azar", "Tres poemas sobre otro país que es también mío", "Barrio caliente", "La Marimba", "Tres bailadores", "En la cancha de fútbol" y "Sencillamente, con palabras que no me han olvidado". Estos poemas revelan su "preocupación general por el hombre, por el ser humano amplio. . .". El título del libro sugiere que la trayectoria poética va a ir de lo general a lo específico.

Mi análisis comienza con una discusión de la sección "Por aquí ronda eros", que está formada por "Ruego", "Entrambos", "Esa mujer" y "El alefrí del Santo por la Pola". Estos poemas tratan sobre el amor, uno de los sentimientos esenciales de los seres humanos. "Ruego" fija el tono:

> Ven, mujer
> quédate junto a mí,
> ¡por Dios, no te me vayas!:
> tiéndete a seguir teniendo fe,
> a creer mucho más estrechamente en mí
> al presenciar los míos,
> igual que cuando yo,
> abismado,
> presencio tus milagros (Preciado, 2013, 73).

En este apóstrofe, al aparecer, la apasionada voz lírica le ruega a la mujer que no lo abandone e invoca a Dios en esta crisis para que lo ayude con esa relación a través de la fe. ¿Está esperando un milagro sobre la base de lo ocurrido en el pasado? ¿O es esta "mujer" una figura religiosa que hace milagros que ha presenciado?

"Entrambos" es la reflexión sobre una relación amorosa del pasado. La voz lírica está experimentando síntomas físicos de esa separación. Establece esta verdad en la primera estrofa:

Hace días mi piel viene diciéndome
que hay noches en que siente que palpan mi color,
que lo abrazan
y abrasan (Preciado, 2013, 74).

Estos versos encierran una paradoja en cuanto al color, su motivo principal, porque la voz lírica afirma ("abrazan") y niega ("abrasan"), en dos versos contradictorios; este es aspecto fundamental de la identidad. Al tratar de identificar las razones de su soledad, explora en su imaginación "los tientos", "las cosquillas" y "los zarpazos" del pasado, y llega a la siguiente conclusión:

Sé muy bien que eres tú,
que un día te despediste,
pero de veras nunca te marchaste (Preciado, 2013, 74).

La voz lírica no tiene respuesta a su despedida, que no acepta como realidad y guarda un recuerdo positivo de ella. Su impacto parece ser duradero:

Y sabiendo que aún te eriza mi sangre,
dime ¿qué más de mí
permanece en tu parte presente del pasado? (Preciado, 2013, 74).

Continúa esta afirmación y se formula una serie de interrogantes retóricos sobre su relación conflictiva con el pasado. Parece que había una distancia cultural "entrambos", en cuanto al habla, el sexo y la identidad, que se revela en la última estrofa:

¿O mirándote a solas
de cerca en el espejo,
no te notas,
por dentro,
un poquita mulata? (Preciado, 2013, 75).

La sugerencia en estos versos es que la separación ha sido por la diferencia de color o de etnia.

Los otros dos poemas de esta sección son "Esa mujer" y "El alefrí del Santo por la Pola". "Esa mujer" se trata de la experiencia de conocer a una mujer con dos personalidades. Según la voz poética:

Esa mujer
tenía dos desnudeces:
la una
la apacible. . .
La otra, la voraz,. . .(Preciado, 2013, 76).

Ha establecido una dialéctica alrededor de una figura enigmática de mujer (real o imaginada). Siempre están disputando con él algunos aspectos de la vida, pero no puede hacer una distinción clara entre las dos mujeres:

Por cierto,
yo sabía que ninguna,
la mansa o la salvaje,
tenía de su lado la absoluta razón,
porque sin darse cuenta se juntaban,
juntas agonizaban,
revivían, (Preciado, 2013, 77).

La misma y evidente tensión de "Entrambos" está presente en "Esa mujer". La voz lírica tiene la necesidad de reconciliar las relaciones que causan este conflicto en su percepción.

"El alefrí del Santo por Pola" presenta la imagen de otra mujer que no funciona bien en la sociedad. "[. . .] la negra Pola / era un pelenco de mujer, / que ardía, / que les pegaba fuego a las miradas, que imponía irrespeto" (Preciado, 2013, 78). La voz lírica pretende corregir el comportamiento de Pola con ritos religiosos como "las diecisiete velas", "agua perfumada", "dos escapularios", "siete padrenuestros" y "los tres alabaos". Estas ofrendas al altar no son suficientes y Pola va con otro, que causa la indignación de la voz:

San Antonio,
resbaloso,
mal mismo,
me gustaría que permanecieras
lo más lejos posible de mi nombre,

trapacero,
farsante (Preciado, 2013, 79).

Al no recibir respuesta a sus pedidos, la voz poética emplea un tono sacrílego contra el más venerado de los Santos católicos. Este es un poema dedicado al amor religioso y a la desilusión. En el proceso la voz lírica maldice a San Antonio porque su poder de atracción es más fuerte. "Por aquí ronda eros" es una sección del libro que presenta una visión problemática de la mujer en su relación con el mundo y con los hombres, y las consecuencias problemáticas de sus actos. Los tres poemas tienen en común mujeres que no funcionan bien en la sociedad.

Como en la mayoría de sus libros, la experiencia afroecuatoriana también está presente en varias secciones de *De lo demás al barrio.* "Yo, Alonso de Illescas" aparece entre los primeros poemas y hay secciones dedicadas a "Barrio caliente", "La marimba" y "En la cancha de fútbol", entre otras.

Examino estos poemas y otros representativos, para ilustrar algo de la especificidad cultural en la poesía de Preciado. En relación con el "reconocimiento ancestral" que hace el poeta, el poema "Yo, Alonso de Illescas" es ejemplar. Es un poema fundacional que interpreta aspectos de la vida del protagonista, quien "[. . .] lideró un cacicazgo de negros y zambos libres. Lo inexpugnable de los dominios de Illescas obligó a las autoridades de la Real Audiencia de Quito a reconocerlo como Gobernador de su propia gente". Muchos consideran a Alonso de Illescas héroe nacional y protagonista formidable de la historia de los negros en Ecuador.

El poema "Yo, Alonso de Illescas" es una rememoración del encuentro del africano con el Nuevo Mundo. La voz poética asume la identidad de Illescas. El poema alterna entre el presente y el pasado concentrándose en los hechos y las aspiraciones enumerados por la voz lírica. La primera estrofa describe la llegada a la nueva tierra:

Para mí, lo que hoy piso es tierra anticipada
que estaba aquí esperándome
con este sol idéntico
gravitando
para regocijarse columbrándome (Preciado, 2013, 24).

Es como si fuera un retorno a la tierra natal, familiar, de la cual había salido temporalmente. Esto se evidencia en el discurso: "tierra anticipada", "esperándome", "idéntico". Es como si hubiera encontrado la tierra prometida en este nuevo mundo donde reconstruye imágenes de un paraíso perdido. Esta tierra evoca en la voz lírica recuerdos de un medio ambiente familiar:

> Y abajo este verdor de cada día,
> como si trasplantado,
> acogiendo amoroso lo que de mí quedaba,
> abundando,
> salvándome (Preciado, 2013, 24).

Hay una identificación inmediata con la naturaleza al crear un sentido de lugar física y espiritualmente. Entonces, el Illescas lírico recuerda su experiencia con el amo de Sevilla en toda su negatividad. Fue un proceso sumamente deshumanizante:

> el que borró mi nombre y puso el suyo,
> el que tumbó mi cielo
> y atajó a mis dioses,
> el que vendió mis huesos,
> el que afligió mis cantos
> ya es nadie en mi albedrío
> y nunca más alargará mis días
> ni acortará mis noches,
> y a no me vivirá (Preciado, 2013, 25).

Es decir, tiene su propia vida y un futuro sin el amo, que es ya un recuerdo a la distancia de "dos océanos". Estos verbos cargados de emoción y significado reflejan el tratamiento de los prisioneros convertidos en esclavos ("borró", "tumbó", "atajó", "vendió", "afligió"). Pero están yuxtapuestos a unas actitudes positivas ejemplificadas en ("alargará", "acortará", "vivirá"). La llegada al nuevo terreno desde España representa una ruptura completa con el pasado ignominioso. Con esta libertad física y psicológica viene una afirmación de la nueva identidad del yo lírico de Illescas. Es una actitud y una realidad que ni el individuo ni el colectivo pueden cambiar:

> No hay vuelta atrás
> ya soy mi propio yo
> en mi propio después
> que es también de los otros
> que conmigo trajeron (Preciado, 2013, 25).

No se puede volver a África: hay que forjar colectivamente un destino en esta nueva tierra. Es una actitud que no está limitada a la situación personal, sino que también afecta a otros que se encuentran en la misma situación. Alude a la esclavitud y la posibilidad de forjar una unión que incluya a los indígenas nativos. Es decir "porque al final pasamos su tiempo a nuestro tiempo / porque los hermanamos / en la tarea de acostarnos dos / y levantarnos siendo una más" (Preciado, 2013, 26). Está hablando del mestizaje y del proceso de aculturación entre los africanos recién llegados y los indígenas de la nueva tierra. Aquí van a ser maestros de su propio destino.

Aquí va a dejar atrás el pasado y mirar hacia el futuro frente a una nueva realidad:

Aquí me renací
aquí me pertenezco
aquí me reconocen
y yo me reconozco en los demás
aquí soy
aquí estoy
aquí gobierno (Preciado, 2013, 26).

Esta nueva situación le permite generarse psicológica y físicamente, establecer una identidad y un sentido de pertenecer y afirmar su presencia como un ser humano libre. Pone énfasis en el aquí y ahora como dueño de sí mismo y sus alrededores. Es una nueva persona, que ha construido una nueva identidad como persona, no como objeto, y tiene control sobre su destino. Es una obra poscolonial que manifestó los conceptos de esclavitud, resistencia, lugar y afirmación cultural.

"Yo, Alonso Illescas" es un poema que trata del origen de la presencia negra en Ecuador. Es una obra fundacional que describe el encuentro del africano con Ecuador y, por analogía, con otros lugares del continente americano. El poema va desde el encarcelamiento, la esclavitud y la libertad al control del propio destino. La voz lírica, el "yo" de Antonio Preciado/Illescas, tiene una memoria que "ya no es más que un recuerdo que me llama desde antes, pero hoy desde mi ser / su ser no le responde / porque sólo de mí ya yo estoy lleno" (Preciado, 2013, 25). Guarda su experiencia con el amo de Sevilla como parte de la experiencia colectiva de su gente.

El otro polo del encuentro cultural descrito en "Yo, Alonso Illescas" es "Barrio caliente", donde se define y sintetiza la cultura negra. Esta experiencia representa el punto culminante del proceso de afirmación cultural y construcción de identidad. "Barrio caliente" es una localidad conflictiva. La voz lírica lo define como un sitio positivo psicológicamente, pero en donde físicamente hay problemas. Recuerda las líneas rectas que estructuran el barrio en forma cuadrada y evocan la imagen de una cárcel.

> Quiere decir entonces
> que, por las líneas rectas
> para nosotros siempre
> el mundo era cuadrado
> o sea de la forma de los cuadriláteros
> en los que todos éramos (Preciado, 2013, 104).

"Cuadrado" es una metáfora central que describe el plan geográfico de la ciudad y su impacto sobre la gente y su desarrollo cultural. Las limitaciones físicas ejemplificadas por "líneas rectas", "cuadradas", "alambradas", son obstáculos, aunque no determinantes de la cultura del Barrio Caliente. Se destacan a los boxeadores como los grandes Kid Lombardo y Kid Publio Rodríguez.

Se imaginan los triunfos de Kid Lombardo y de Publio Rodríguez; estos no son reales, dadas las limitaciones impuestas por las circunstancias sociales de pobreza y abandono. Es igual por otros atletas: incluyendo los futbolistas, Carlos Cañola, Tom Rodríguez, e Ítalo Estupiñán.

O sea, los atletas no están limitados por su talento, sino por las condiciones económicas y la falta de oportunidades que han tenido en la vida, exacerbada por las circunstancias físicas:. . .

> y había solamente una plaza central
> y en el centro
> una sola bandera
> igual que un solo himno,
> para un solo respeto;
> y una sola carroza y un caballo
> y una sola avenida principal
> por donde ir
> a un solo cementerio (Preciado, 2013, 105).

Aquí la voz poética, por medio de "solo", lamenta el aislamiento y la soledad del pueblo por su condición de "cuadrado". Barrio Caliente existe dentro del "muro" creado por la ciudad y la referencia es a "el mundo nuestro", que "era una gran familia". Las manifestaciones de la cultura de "Barrio Caliente" están presentes en otros niveles:. . .

> También se emparentaban
> y venían
> nuestras propias palabras.
> . . .
> Y metíamos bulla
> con nuestra propia música mundial
> (¿cuadrada?)
> que nunca se atrevía
> hasta la avenida principal, adormilada
> pero le hacía cosquillas
> en los dos pies a la ciudad apática
> que quedaban al sur,
> donde quedábamos (Preciado, 2013, 107).

Es decir, viven en dos mundos separados y Barrio Caliente está en el marginal. Pero a través de la lengua, la música, la comida, el sentido de comunidad y el espíritu de resistencia, mantienen el sentido de comunidad dentro del espacio "cuadrado", atrapados en una ciudad "apática".

Los otros poemas que evocan a Barrio Caliente son "Cuando el tiempo era niño", "Recuerdo para el olvido" y "Arrullos y chigualos". Los tres tratan la intrahistoria del lugar y se concentran en el pasado y el impacto de las tradiciones culturales. La voz lírica recuerda en el primer poema:. . .

> era un tiempo pequeño
> dentro de uno más grande,
> más otro,
> más distante,
> más viejo,
> que andaba despacito
> como haciéndonos tiempo (Preciado, 2013, 108).

Se da cuenta de que ocupan un espacio y un tiempo minúsculo comparado con su pasado ancestral y las funciones arquetípicas del universo. En este "tiempo pequeño" hay manifestaciones culturales muy importantes en las actividades cotidianas y narrativas del abuelo:...

salía a embelesarnos
desde la memoriosa boca de un abuelo,
pero en la oscuridad se ponía terrorífico
con sus diablos,
sus muertos,
su riviel,
su gualgura,
su tunda
su bambero (Preciado, 2013, 109).

Son los mitos populares de la región (diablos, muertos, Riviel, Gualgura, Tunda, Bambero), elaborados en el contexto del cimarronaje cultural poscolonial, que han sobrevivido y mantienen su vitalidad hoy día. En la escuela recibieron la educación formal y en la casa aprendieron los mitos y las tradiciones culturales. Y con el paso del tiempo también se van los viejos, pero queda el recuerdo de ellos. La memoria es fundamental en las tradiciones y en las personas. Hay recuerdos también de amigos, vecinos, individuos y de sus destinos: el Pájaro (preso), Ritter (malvada artritis), el Poeta (artritis), Eleuterio (enterrado). La voz lírica se da cuenta del paso del tiempo que "dejó de ser pausado, / se hizo urgente" (Preciado, 2013, 110). Entonces reconoce su lugar en este mundo que se preocupa tanto por el pasado como por el transcurro del tiempo:. . .

y como, de entre todas,
la más apremiadora y sin salida
es la de ser poeta,
pues por entre poemas
de prisa el tiempo se me va acabando (Preciado, 2013, 110).

La ironía aquí es que el poeta también va a morir, pero sus palabras van a durar para siempre.

"Recuerdo para el olvido" y "Arrullos y chigualos" también tienen que ver con las memorias del pasado, la muerte y las tradiciones culturales. Por ejemplo, "Arrullos y chigualos" convoca a los dioses africanos a que participen en una ceremonia por la muerte y el entierro de un niño:

Al otro lado de las aguas,
los dioses dormirán,
pero han de despertar,
porque jamás podrían ser indiferentes
a la sacudidora cercanía

de sus dos lejanías,
a la inolvidable antigüedad
de esa nueva llamada (Preciado, 2013, 112).

Estos ritos religiosos basados en la cultura cimarrona africana unifican religiosa y espiritualmente a África y América a un nivel mítico. Aunque separados por el tiempo y el espacio, los dioses africanos todavía tienen la responsabilidad de preservar, proteger y participar en los ritos afroecuatorianos. Cada ceremonia es un reconocimiento del legado espiritual africano, que permanece vivo en la memoria colectiva.

La sección "La marimba" dedica cuatro poemas a un icono emblemático de la cultura afroecuatoriana: "La marimba", "Remberto Escobar, bailador de marimba", "Secreto" y "Momento para después". Abordan el origen, desarrollo y presencia de este instrumento musical. "La marimba" evoca sus orígenes ancestrales:

No hay modo de rastrear sobre las olas
cómo así quebrantada
maniatada
durante cuántos muertos
sobrevivió
y llegó (Preciado, 2013, 115).

La marimba está presentada, en su dimensión antropomórfica, con vida; también presenta la experiencia de sufrimiento comparada con los prisioneros. A pesar de las dificultades de la Travesía, la sabiduría ancestral y el ritmo de la marimba llegaron intactos a Esmeraldas. Al principio, no era más que una "reminiscencia sorda" que se convirtió en símbolo de sobrevivencia e instrumento de la memoria colectiva:. . .

hasta que un olvidado hubo de ser
capaz de recordar,
ver
y oír con las manos
y ya entonces
palpar
juntar silencios separados,
hacer latir olvidos
y poner a sonar de nuevo corazones (Preciado, 2013, 115–116).

Recordar, ver, palpar, juntar, latir, son verbos cargados de significancia que intenta cerrar la brecha entre olvidar y recordar la continuidad cultural implícita en la música de la marimba. La marimba simboliza la recuperación de la música ancestral por medio de la memoria. Restablece y reunifica estos "silencios separados" para internalizarlos en actos de recordar, ver, oír, palpar y dar vida a una actividad latente. Llega la marimba a Barrio Caliente, un espacio que va a reconocer y enaltecer su importancia:. . .

y fue Barrio Caliente
y la marimba su primera piedra,
y hasta cuando duró
era su compañía,
su gran amor
su refugio
su devoción,
su enseña (Preciado, 2013, 117).

Para la voz lírica, la marimba fue y es el instrumento dominante de la cultura de Barrio Caliente. Representa la máxima en la expresión rítmico/corporal y ancestral, que en su dimensión mítica sirve para unir a la gente en sus alegrías y esperanzas. El personaje Remberto Escobar es una expresión en vida de lo que representa la marimba y su fuerza en el baile. Es una figura inolvidable: "y para cuando el barrio / y él ya no existieran, / aún el barrio se las recordara —él y sus fogosos zapateos—" (Preciado, 2013, 119). Hay "Tres bailadores" más que describe la voz lírica: "Salma", "Mila" y "Virginio Macuambo", todos sobresalientes.

La última dimensión que analizo de la cultura afroecuatoriana es "En la cancha de fútbol", con tres poemas: "Rosendo Cuero", "Viejo Lolo" y "La amenaza verde", que son homenajes a los *cracks* de antaño y a sus jugadas en la cancha. En cuanto a Rosendo, la voz lírica exclama:

Este poema haber sido
de un solo verso:
¡Goooool! (Preciado, 2013, 135).

Expresa su admiración por Rosendo Cuero y las jugadas de este en un partido de 1949, e incorpora detalles de la familia del futbolista y su personalidad humilde. Se lo percibe como "un duende negro / que en la cancha de tierra hacía maravillas" (Preciado, 2013, 135).

El viejo Lolo es también un héroe que antes de llegar a la cancha tenía la necesidad de ganarse la vida con su trabajo diario, como Rosendo. Un apóstrofe aclara:

Pero tú en realidad te viniste del monte
y te anclaste en los barcos bananeros,
para que tus hijos no tuvieran
tan solo un crecimiento (Preciado, 2013, 138).

Como padre de familia y futbolista, Lolo tiene una doble responsabilidad: con sus hijos y con sus hinchas. Rosendo y Lolo vienen de familias de trabajadores y llevan su ética de trabajo a la cancha, donde tuvieron tremendos éxitos. La voz lírica recuerda a Lolo así:

con un racimo de banano al hombro
un machete en la mano
y un balón asombrado (Preciado, 2013, 139).

Imagino que son prototipos de hombres que formaban parte de "La amenaza verde": "[. . .] la aguerrida selección provincial de fútbol aficionado de Esmeraldas, [. . .] que conquistó varios campeonatos nacionales, así como el color de su uniforme. El equipo estaba integrado por una mayoría de jugadores barriocalenteños" (Preciado, 2013, 140). "La amenaza verde" es un poema de la adolescencia de Antonio Preciado, aficionado del equipo. En su homenaje la voz poética se identifica con el fútbol y con los jugadores reconocidos y aplaudidos:

Con la emoción la poesía flota,
y en su sentir, que a devoción se ensancha,
cree que mi corazón es la pelota
y que Barrio Caliente es hoy la cancha (Preciado, 2013, 140).

Barrio Caliente es un sitio donde se pueden sintetizar actos culturales y míticos como la marimba, la memoria ancestral y el fútbol. Aquí se puede reafirmar la identidad negra, a pesar de ser Barrio Caliente, geográficamente, un "cuadrado".

En la sección "Tres poemas sobre otro país que es también mío" hay poemas dedicados a "Cuba", "La otra edad de Martí" y a "Un festival de boleros en Cuba". Estos textos celebran el país, el legado de Martí y la importancia del bolero en la cultura rítmica/musical. Un país con tradiciones políticas parecidas a Cuba es Nicaragua, poetizado en "La efigie de Sandino" y "Llueve sobre Managua". En el primer poema la voz lírica cuenta su reacción frente a una estatua de Augusto César Sandino (1895–1934), líder revolucionario de Nicaragua que se opuso a la ocupación estadounidense de su país y buscó cambios sociales y políticos para su gente. El Partido Sandinista lleva su nombre.

La voz lírica describe la efigie colosal "en lo alto de la loma de Tiscapa":

> Toda pintada de un negro solemne
> que se ve desde lejos,
> para que el General, ubicuo, se halle
> en todo corazón al mismo tiempo (Preciado, 2013, 28).

El General está presente en la memoria colectiva del pueblo que se personifica en la efigie. Aun en la muerte, la representación de Sandino está cuidando y vigilando a su gente. La voz lírica describe la imagen desde los pies hasta la cabeza, y llega a la conclusión: "es mucho más Sandino imaginándole / la cara de cualquier nicaragüense" (Preciado, 2013, 29). Al contemplar la efigie, los nicaragüenses ven un reflejo de sus propios rostros frente a la imagen de este patriota mítico. Une a su gente aun después de la muerte. Lo único que le falta a la estatua es un corazón.

"Llueve sobre Managua" es una expresión de soledad y aislamiento en la capital nicaragüense. En medio de "los furibundos truenos y relámpagos" de la tormenta, la voz lírica lamenta:

> Te tuve que traer
> a quedarte conmigo todo el día
> en esta casa enorme,
> tan lejana y distinta de la nuestra (Preciado, 2013, 37).

Está pensando en la soledad y alienación de la mujer. Sigue una descripción de los muros, las escaleras, las pinturas y otros aspectos materiales que afectan su estado mental y físico. Pero la voz lírica reflexiona sobre los "días transparentes" poblados por "tu recuerdo", / "los vientos", / el jardín y los pájaros" (Preciado, 2013, 38). La voz poética contrasta el tiempo en Managua con lo que pasa en su propio país y concluye que tienen que mirar adentro para combatir la ansiedad y la frustración porque "el sol de allá / arde contigo en mí" (Preciado, 2013, 39). Este poema nos hace pensar en un poema de César Vallejo en el que lamenta la lluvia en Lima. La soledad, el aislamiento y la añoranza son los motivos principales. "La Efigie de Sandino" y "Llueve sobre Managua" son impresiones que Antonio Preciado tuvo durante su residencia en Nicaragua como embajador de Ecuador (2008–2013).

Once hombres es un libro de poemas dedicados a ellos, sus papeles en el mundo y sus experiencias de vida. En realidad, son poemas de desilusión y engaño basados en la ambivalencia y lo imprevisible de la naturaleza humana. El primer poema, "Dos hombres con la mano tendida", es un ejemplo:

> Ese hombre que hoy pide en la más céntrica
> esquina en que se cruzan la tierra con el cielo,
> es otro,
> no el de antes (Preciado, 2013, 45).

Se trata de la vida de un pordiosero que pide limosnas cerca de un semáforo, y de la interacción entre ellos y los cambios de colores de estaciones y tiempos. La voz lírica expresa su empatía con el personaje al observarlo, pero sabe que la muerte es lo único que puede cambiar la situación. Los otros poemas están dedicados a "Ese hombre que pasa [. . .], que viene, que espera, que sueña, que sabe, que ama, que vive, que muere, y que mata" (Preciado, 2013, 46–64). Son poemas humanos que representan los ciclos de la vida de los hombres y se centran en actos que expresan las mismas ambigüedades del primer poema.

En *De lo demás al barrio* Antonio Preciado demuestra, como los mejores poetas, una variedad de temas y técnicas. Lo negro y lo "universal" son sus dos polos o, como ha dicho Preciado, su poesía es rotundamente humana, de Esmeraldas al mundo. Hay varios poemas dedicados a retratos, fotografías y artistas. El primer poema del libro se titula "El retrato" y trata sobre el proceso de ser objeto de una pintura de Theo Constante. La voz lírica se da cuenta de que el público percibirá el producto final como una representación, no solamente de él, sino también de sus hijos y su hermano. Cuestiona: "¿cómo pudo adentrarse a dar con él en mí?" (Preciado, 2013, 14) ¿Y los hijos?

La sección "Fotografías cogidas al azar" tiene cinco poemas. Entre ellos se destacan "Dos fotografías", en la cual la voz lírica contempla viejas fotos de Senghor y Césaire, dos gigantes de África y su diáspora; y "En Gorée, Senegal" donde la voz lírica respeta su significado:

> Sí, soy yo
> en la isla de Gorée,
> estoy de pie
> arrimado a la fachada
> de la "casa del esclavo";
> la fotografía está nítida aún,
> pero el poema me salió velado

por
un océano de lágrimas (Preciado, 2013, 88).

Al sacar una fotografía turística, la voz poética se da cuenta de la enormidad del momento y el significado de la "Puerta de no regreso" de la diáspora africana. Como un vicario, está compartiendo un momento atemporal. La fotografía salió clara, pero sus lágrimas oscurecen el contenido.

Hay una variedad de poemas "abstractos" en el libro que tocan varios temas. "Oyendo hablar de poesía en un cuarto de hotel" es un debate entre cuatro poetas sobre la utilidad del género. La voz lírica oye que "decidieron que los poetas populares / pertenecemos a un distante y que un real poeta debe ser / íngrimo intransitivo" (Preciado, 2013, 20). También un verdadero poeta debe ser difícil:

Y ensimismado que hacia él mismo emigre
todos los días
desde su soledoso corazón,
un verdadero Dios en sus estepas,
un espíritu avaro
que guarde bajo llave
lo que dice el poema (Preciado, 2013, 20).

La voz lírica escucha los dos argumentos: que la poesía debe ser accesible a todos los interesados, y que debe ser limitada a las elites. El poeta es, sobre todo, un "pequeño dios", y la gente común no comprende sus aportes. ¿Y la voz lírica? (el poeta).

El poema "Oyendo hablar. . ." encapsula las dos dimensiones de la poesía de Antonio Preciado. La mayoría de sus poemas son mundanos, pero otros están muy alejados de la realidad. Así que no se puede estereotipar su obra, porque es un poeta humano. Como figura de transición entre la generación de Adalberto Ortiz y Nelson Estupiñán Bass a la de Diógenes Cuero Caicedo y Amada Cortez Caicedo, Antonio Preciado como poeta expone características de las dos. Es consciente de su identidad afroecuatoriana y, a la vez, de su responsabilidad como poeta del mundo.

Luz Argentina Chiriboga. Palenque. Décimas (1999) y Desde la sombra del silencio (2010)

Chiriboga es bien conocida nacional e internacionalmente, y sus obras han sido los sujetos de ensayos, tesis, entrevistas, traducciones y disertaciones doctorales. Irónicamente, no hay un libro de un solo autor dedicado a las obras de Chiriboga. Se acercan a sus obras principalmente desde las perspectivas feministas y poscoloniales. Entre sus críticas destacadas están Miriam DeCosta Willis, Rosemary Feal, Sandra Carbajal e Ingrid Watson Miller. Las novelas *Bajo la piel de los tambores* (1991), *Jonatás y Manuela* (1994) y *En la noche del viernes* (1997) han recibido la mayoría de la atención crítica. Mi propósito es examinar dos conceptos claves en su obra: la cultura afroecuatoriana y el empoderamiento de mujeres.

Creo que la clave de la obra de Chiriboga es su libro de poemas *Palenque. Décimas* (1999). Es una obra que interpreta la diáspora africana en Ecuador desde la perspectiva de una mujer afrodescendiente. El palenque es el símbolo principal del cimarronaje africano y libertad en América Latina y el Caribe. Este libro es, en realidad, una interpretación de los aspectos de la experiencia diaspórica africana que comienza con el secuestro de prisioneros en el "Alto Niger", y subsiguiente "La trata" ("un proceso criminal" / "una desgracia" / "cruel desaventura"), y termina en El Palenque, donde la cultura afroecuatoriana está definida y destilada ("símbolo de Resistencia / del negro en la esclavitud / luchando en su plenitud / por su justa independencia" (Chiriboga, 1999, 23).

El Palenque era un sitio de cimarronaje cultural donde los africanos, antes esclavos, buscaron determinar su propia manera de vivir, mezclando prácticas culturales africanas con las aprendidas en el Nuevo Mundo. Allí, siguiendo el pensamiento de René Depestre, sus prácticas culinarias, actividades míticas y religiosas, música/danza/la cultura del tambor y otros aspectos de la vida diaria contemporánea evolucionaban (Depestre, 1997, 346). *Palenque* es central para el acercamiento de Chiriboga a la diáspora, la resistencia, la identidad y el feminismo, como se evidencia en poemas como "La travesía", "El cimarrón", "La herencia", "A mi madre" y otros.

En "La travesía" la voz lírica imagina el horror del cruce transatlántico: "de África va casi muriendo / en una jaula de hierro" (1999, 26). Pero "El africano Mompega / se alzarán en rebelión? adentro de la bodega", y fue muerto por sus acciones. Pero el mensaje es que la experiencia africana en la diáspora nació de la resistencia al encarcelamiento y la esclavitud. El motivo del cimarrón está claro:

Odiaba la esclavitud
por el trato que le daba
dieciocho horas trabajaba,
sin reconocer su virtud.
Esa negra multitud
fraguó la gran rebelión,
su máxima aspiración.
No soportó más sufrir,
por eso decidió huir
volviéndose cimarrón (Chiriboga, 1999, 44).

Esta décima de pie forzado articula el sentimiento colectivo de los esclavos hacía su situación intolerable. De sol a sol labraban a beneficio de los amos, que les consideraban subhumanos, meras mercancías. La única opción era buscar la libertad y un sentido de ser humanos otra vez.

"La herencia" es un poema de identidad étnica. La voz poética afirma: "El papá de mi papá / anda dentro de mis venas / [. . .] Mi abuelo fue color brea / y aunque yo no lo vea / anda dentro de mis venas" (1999, 13–14); y finalmente, "Mi abuelo fue muy bembón / tenía la nariz ñata" (1999, 15). La voz lírica se identifica biológica y étnicamente con el abuelo. Es él quien la cuidó y la introdujo a la tradición ancestral del panteón Yoruba. La identidad es íntegra a la cosmovisión de *Palenque* y va a ser un tema constante en las obras de Chiriboga. Por ejemplo, el tambor en la novela *Bajo la piel de los tambores* es una marca africana de identidad y "símbolo de resistencia / en tiempos de esclavitud / cuando la gran negritud / luchó por su independencia" (DeCosta Willis, 1995, 21).

Al lado de la diáspora, resistencia e identidad las mujeres, quienes no aceptaron el papel social designado para ellas y planearon sus propios destinos, están prominentes en *Palenque*. Refiero a Jonatás, la propiedad de Manuela S áenz, compañera de Simón Bolívar, y las protagonistas de la novela de Chiriboga, *Jonatás y Manuela* (1994). Jonatás, con su madre Ba-Lunda, son miembros de una familia que resistió la esclavitud desde el encuentro con los europeos hasta la abolición de la práctica. Esta novela interpreta la relación ama/esclava durante el período revolucionario encabezado por Simón Bolívar y culminó en la derrota de las fuerzas lealistas a Pichincha por José de San Martín. Presta atención también en *Palenque* a Sor Juana Inés de la Cruz, la religiosa intelectual, "Pionera del feminismo / diseñada en su idealismo" (1999, 64). *Palenque* representa una síntesis, temática e ideológicamente, de las obras de Luz Argentina Chiriboga, e incorpora elementos de la diáspora africana, resistencia, identidad y empoderamiento.

Feminismo y la interrogación de las estructuras sociales patriarcales están también en el centro del discurso novelista de Chiriboga. Se ha escrito mucho sobre estos temas, manifestados en obras como *Bajo la piel de los tambores*, *Jonatás y Manuela* y *En la noche del viernes*. Mi énfasis está puesto en la última, publicada *Desde la sombra del silencio* (2010), que salió casi dos décadas después de la primera novela de Chiriboga. Es también una novela que enfoca el empoderamiento y el patriarcado, pero desde una perspectiva irónica. La primera sección de esta novel delinea los conflictos básicos de la obra. José Rosas, un fiscalizador/auditor del Ministerio de Finanzas, es un bígamo: tiene dos esposas y dos familias con Tula Jar, blanca; y Sara Conga, negra. Tula es educadora y Sara es enfermera. José había podido mantener separadas las dos familias hasta que fuera fusilado por un desconocido y llevado al hospital donde trabajara Sara. Las dos esposas, que tienen el conocimiento de la otra, se enfrentan en el hospital con un esposo ya inválido que necesita el apoyo de las dos. Sara acepta la responsabilidad de cuidar de su esposo. Así mantienen las apariencias que engañan a la sociedad y a sí mismas.

La mayoría de *Desde la sombra del silencio* está dedicada a José Rosas y sus andanzas, aunque los tres protagonistas están presentados con sus historias intactas. Las ausencias que pasa él fuera de sus familias están explicadas como necesidades del trabajo. Inválido, en su silla de ruedas en casa de Sara, Rosas intenta cambiar la percepción que tiene el público de él por donar dinero a varias caridades, pero no cambia la situación de sus padres en Pututo, que quedan en la pobreza rural. Pero sí ha logrado arrimarse a los buenos a costo de su alma y su salud. Se da cuenta de que fue fusilado por Juan Dorpy, un cliente, con el cual no podía llegar a un acuerdo sobre el dinero que le debía al Estado. Parece que Rosas va a vivir contento con sus dos esposas, hijos y nietos dentro del mundo artificial que ha construido. Este mundo representa el opuesto del mundo rural de pobreza en el cual nació y pasó años de su niñez antes de huir.

Esta novela tiene que ver con el abuso de mujeres en una sociedad moderna, machista, que el internet y los celulares no han cambiado. En los casos de Tula y Sara, sus logros personales y profesionales, sus luchas para ser las mejores en sus profesiones, están oscurecidos por su comportamiento aparentemente subordinado a José Rosas, que mantiene el control. En su estado minusválido Rosas piensa e imagina mucho, por ejemplo, que su agresor va a llegar hasta su biblioteca y pedirle, arrodillado, perdón. Pasa tiempo monologando consigo mismo. En su párrafo, que comienza: "Continúa imaginando muchas cosas [. . .]", Rosas parece arrepentirse por algunos de sus actos del pasado por un gesto de caridad: "Sus cuentas bancarias en Suiza y en Miami habían sido transferidas a las comunidades indígenas. La hacienda de Pututo que los hijos del patrón habían agrandado aún más, se disolvió en forma violenta y pasó a poder de los indígenas" (Chiriboga, 2010, 320).

Parece que también sus compañeros de escuela vienen a visitarlo, y Rosas adopta elementos de su cultura indígena del pasado. A pesar de sus actividades deshonestas en los negocios, sus mentiras, decepciones familiares y su situación de inválido, José Rosas emerge como ganador: "A diario recibir mensajes de felicitación; la prensa y la televisión hablaba de su acción heroica" (Chiriboga, 2010, 321). ¡Qué ironía! ¿Realidad o fantasía? ¿Y las dos esposas? Tula cree que está libre del "amor abstracto", y ha ganado su libertad y está enamorada de Facundo, un compañero de la juventud. Ya que José es un inválido, Sara sigue siendo la buena enfermera que cuida de él.

Inmediatamente llegan las preguntas tocantes al feminismo de Chiriboga y su actitud hacia el sistema patriarcal, atribuidos a sus personajes femeninos. ¿Por qué han aceptado Tula y Sara esta situación polígama? Las dos son mujeres educadas, profesionales. ¿Es el amor, el temor de estar sin esposo? ¿Es la familia? O ¿Es la verdad sobre las protagonistas de Chiriboga? como ha señalado Miriam DeCosta Willis. Ella ha escrito que ellas resisten inicialmente la dominación masculina, pero, últimamente, se rinden al sistema patriarcal como, por ejemplo, en *Bajo la piel de los tambores* (DeCosta Willis, 1995, 24–25). Lo mismo ocurre en la novela *En la noche del viernes*. ¿Van a continuar bajo "la sombra de silencio", impuesto por José Rosas?

En *Palenque. Décimas* y *Bajo la sombra del silencio* Luz Argentina Chiriboga interpreta temas fundamentales del discurso afroecuatoriano en general y de las escritoras contemporáneas. Sigue en la tradición literaria de Ortiz y Estupiñán Bass, sus precursores, pero con un enfoque feminista. Chiriboga, como Preciado, rinden homenaje a su cultura ancestral en las obras y se mantienen fieles a sus creaciones artísticas. Reconocen su deuda a sus antecesores y se dan cuenta de que tienen que mirar hacia el futuro como modelos de inspiración de las siguientes generaciones.

Obras citadas

Entrevista de Rodrigo Aguilar Orejuela a Antonio Preciado, "Antonio Preciado: la poesía no tiene color", en *Blog Rodrigo Aguilar Orejuela*, 2014, https://roderikus.wordpress.com/2014/07/15/antonio-preciado-la-poesia-no-tiene-color/comment-page-1/.

Entrevista de Santiago Estrella a Antonio Preciado, publicada en *Letras del Ecuador*, núm. 174, septiembre-noviembre, 1990, pp. 24–28.

Bermejo de Crespo, E. (1992). "Antonio Preciado, el hombre y el poeta", en *Estudio Introductorio a "De sol a sol"*, Libresa, pp. 23–24.

Chiriboga, L. A. (1999). *Palenque. Décimas.* Instituto Andino de Artes Populares.

___. (2010). *Desde la sombra de silencio.* Casa de la Cultura Ecuatoriana, Esmeraldas.

DeCosta Willis, M. (1995). "The poetics and politics of desire. Eroticism in Luz Argentina Chiriboga's *Bajo la piel de los tambores*", en *Afro-Hispanic Review*, vol. 14, núm. 1, pp. 18–25.

Depestre, R. (1997). "Saludo y despedida a la negritud", en M. Moreno Fraginals (rel.), *África en América Latina*, Siglo Veintiuno editores, pp. 345–62.

Handelsman, M. (2011). "Antonio Preciado, poeta de la diáspora", en *Guaraguo*, vol. 15, núm. 38, pp. 133–63.

Preciado, A. (2013). *De lo demás al barrio.* El Ángel Editor.

II

AMADA CORTEZ CAICEDO

ME LLAMAN LA CIMARRONA (2009) Y VOCES DE LA CIMARRONAS (2008)

Amada Cortez Caicedo es editora de *Voces de las cimarronas* (2008) y autora de *Me llaman la cimarrona* (2009). El primer texto es una colección de poemas de Amada Cortez Caicedo, Irma Bautista Nazareno y Sonia Viveros Padilla. Los poemas de Cortez Caicedo incluidos en *Me llaman la cimarrona* son "Me llaman la cimarrona", "Proclama del negro", "No vayan a Europa", "El niño que desea ser amado", "A mi madre", "¿Por qué nos discriminan si no nos conocen?" y "Qué rica es mi comida". "Gotas de agua" y "Herencia africana" son dos poemas no incluidos en el segundo libro.

El título del libro *Me llaman la cimarrona* define el propósito de la autora: utilizar la literatura para informar sobre las tradiciones culturales de la gente afroecuatoriana e interpretar su importancia en el mundo de hoy. Según Demar Cetre Gómez (2009, 1), en la presentación del libro, la autora elabora:

> [. . .] una importante dosis de rebeldía y amor por lo ancestral, los acontecimientos religiosos, leyendas y creencias, apego a la tierra, un sentimiento de protesta por el abandono, exclusión y discriminación al que han sido sometidos, de manera sistemática el negro en el convivir de la sociedad ecuatoriana.

En los poemas se manifiestan algunos de los temas expuestos por Gómez, y más. Amada Cortez Caicedo desea expresar su interpretación de lo que significa ser negra en Ecuador, y traza la trayectoria histórica desde la llegada de los africanos hasta la actualidad. En el poema "Me llaman la cimarrona" la voz lírica se inspira en los dioses africanos Yemayá y Changó y en la mortal María Illescas, "La que defendió su cultura [. . .] en un país pluricultural y multiétnico" (2009, 7). Tienen derechos según la Constitución, "Pero en este país racista / aun no lo han entendido" (2009, 7).

Desde el principio, la poeta establece el motivo de su condición de cimarrona:

Cimarrona antes un término despectivo
Ahora es un término reivindicativo
Somos las verdaderas autoras
De nuestra sociedad ahora
Con altivez y grandeza
No negamos nuestra voz
Defendemos nuestra historia
Nos aceptamos como somos
Y rompemos las fronteras
En busca de una sociedad nueva (Cortez Caicedo, 2009, 7).

Esta obra y su concepto básico, "cimarronaje", es un reflejo de lo que ha dicho René Depestre en la introducción a este texto, en cuanto a la autoestima y salud mental. Escribe: "Salvó de la zombificación todo cuanto podía ser salvado en religión, magia, artes plásticas, danza, música y, por supuesto, facultad de resistencia a la opresión" (1997, 347). Es decir, el cimarronaje cultural es un mecanismo de defensa psicológica y física fundamental a la cultura negra y afroecuatoriana, que la ha mantenido desde su encuentro con la cultura europea. Las cimarronas tienen el papel vital de afirmar las tradiciones culturales y de construir una sociedad pluricultural y multiétnica. En su búsqueda de "una sociedad nueva" no van a dejar atrás los aspectos fundamentales conservados de la cultura afroecuatoriana, que sirven para enriquecer la sociedad y empoderar a las mujeres negras.

Un tema fundamental de *Me llaman la cimarrona* es la esclavitud y la resistencia de los negros. Los poemas "Proclama del negro", "Milagros", "Camino a la libertad", "Orishas de África mía", "Raíces de libertad", entre otros, exploran el impacto de esa experiencia nefasta de la población.

"Proclama del negro" es el más representativo. El poema comienza con una interrogación: "¿Tierra, tierra nuestra salvación?" de Rodrigo de Triana desde las carabelas de Colón (marinero de Colón a bordo de La Pinta, el primero —supuestamente— que vio las Américas, p. 9). Según la voz lírica, es un "Grito que empezó la historia de una raza / Paso a paso a la crueldad y la opresión" (2009,

9). La respuesta viene en forma de "¡Negra sí!" como refrán después de seis de las estrofas. "Proclama del negro" es la intrahistoria de la toma de prisioneros en África, la Travesía, la esclavitud en Ecuador y sus luchas por la libertad. Según la voz poética:

Nuestro continente fue invadido
Por la doctrina Católica Cristiana
Más de miles negros fueron traídos
A continuar la esclavitud de las masas (Cortez Caicedo, 2009, 9).

La complicidad de la Iglesia católica en el tráfico y la venta de seres humanos está bien documentada, por ejemplo, en las obras del hipócrita Bartolomé de la Casas, entre otros. También la despoblación de África fue muy grave. La voz lírica sabe muy bien las motivaciones de estos actos malvados:

Porque traídos del continente africano
Como animales en los barcos negreros
A sustituir a una raza india
Por el maltrato inhumano que le dieron (Cortez Caicedo, 2009, 9).

Tanto los negros como los indios son víctimas de este proceso inhumano que se remonta a la venta de africanos en 1516 en la plaza bajo los auspicios de España, Portugal, Dinamarca, Inglaterra y Holanda. Pero los negros "[. . .] nunca se conformaron / y por la libertad gritaron" (2009, 9). Cita una lista de actos y seres humanos que participaron de la liberación y del establecimiento de palenques donde las mujeres tenían un papel central. "Proclama del negro" es una llamada a la acción que la cimarrona contesta:

La mujer negra organizada
Con su donaire y hermosura
Luchamos todas unidas
Para defender nuestra cultura (Cortez Caicedo, 2009, 9).

Representa lo esencial del concepto "cimarronaje cultural". Ha resistido la desculturación, ha escrito su propia historia y ha afirmado la importancia de la cultura negra en la nación. Pero lo más importante es que la mujer es el sujeto/protagonista de la historia como cimarrona.

"Camino a la libertad" expresa las mismas preocupaciones que el poema anterior y las motivaciones perversas de los españoles, que no intentan solamente domar el cuerpo del esclavo, sino también su mente.

Les metían a la cabeza a los esclavos
La idea de ser inferiores hereditariamente
Que Dios los destinaba a la miseria
Que deberían seguir siendo ignorantes
Que no debían aprender a leer
Para que no tengan el don de saber
Que no piensen, que no tengan el poder de la razón
Para que no se privilegien de la educación
Que la Biblia aceptaba la esclavitud
Y no tenían derecho a la salud (Cortez Caicedo, 2009, 35).

Anáfora con "que no" da un ritmo y un efecto crescendo a los versos elaborando las acciones destinadas a impactar la mente de los esclavos con "miseria", "ignorancia", "leer", "razón", "educación", todo en el contexto de la ideología bíblica. Así funciona el proceso de deshumanización y zombificación de los esclavos. El propósito era convertirlos en máquinas de trabajo y no en seres humanos racionales, por medio del lavado de cerebro y los castigos. Pero los esclavos combatieron ese proceso de control. La voz lírica informa que "El niño aprendió a leer preguntando en la esquina" (2009, 35). De las enseñanzas de los niños blancos, el niño negro ayudó a los otros esclavos a leer y resistieron la ignorancia impuesta por el amo. Un negro alfabetizado representa una amenaza al sistema.

La "libertad" es un motivo constante en la poesía de Amada Cortez Caicedo, como hemos visto. "Raíces de libertad" es una aplicación concreta del concepto. La voz lírica habla de la fundación y el nombramiento del Valle del Chota, "Que significa valle de dolor y muerte" (2009, 47), y el papel de los jesuitas en su historia de explotación en Coangue:

Los negros comprados por los jesuitas
En el mercado de Popayán y Buga. . .
Traídos para trabajar en la forma más inhumana
En las haciendas cañaverales y las minas (Cortez Caicedo, 2009, 47).

Condena las acciones de los jesuitas que pretendieron salvar las almas de los esclavos mientras explotaban sus cuerpos. Intentaron hacer una analogía entre el sufrimiento y la muerte de Cristo con la esclavitud del negro. Pero gracias a

Martina Carrillo y otras hubo un movimiento de resistencia y rebelión después del castigo de Francisco, su hermano. Martina, una figura histórica, habla en primera persona de sus esfuerzos por cambiar el sistema de explotación. Dice: "Cogí fuerza junto a mi hijo y otros rebeldes. Fuimos a denunciar el maltrato que sufría mi gente" (2009, 47). Se reunieron con el presidente en Quito, quien prometió ayudarlos y, teóricamente, Martina "consiguió mejorar el maltrato"; "mejorar" no significó "terminar". Los poemas de Amada Cortez Caicedo demuestran que los esclavos no aceptaron su estatus, sino que lucharon constantemente por la libertad y la autodeterminación.

La religión es también un motivo en el texto. Se reconoce al dios cristiano y a las Orishas del panteón Yoruba en actos de sincretismo religioso. "Piedad Señor" y "Orishas de África mía" son ejemplos de esto. El primer poema es un rezo a Dios, un tipo de confesión que yuxtapone "tú" al "nosotros". El poema contrasta la santidad de Jesús con los actos mundanos, y suplica la piedad del Señor. El sermón religioso está llamando a los perdidos a aceptar las enseñanzas y doctrinas de la Iglesia, en busca de una vida espiritual mejor en otro mundo.

"Orishas de África mía" presenta una perspectiva diferente del papel de la religión. Evoca el poder de Elegbá, Yemayá, Changó y otros Orishas para conseguir "La igualdad para mi gente" (2009, 43). La voz lírica busca resoluciones a desafíos espirituales y sociales. Le está pidiendo a Yemayá, "La protección de tus hijos / Que todavía sufrimos" (2009, 43). En contraste con "Piedad Señor", una obra de sumisión, "Orishas de África mía" busca la afirmación cultural por medio de los tambores y el idioma perdido, y la justicia en este mundo, no en el más allá. Es decir, para progresar en el presente se necesita un sostén fuerte basado en el conocimiento del pasado. La imagen de "sembrar" es clave, "siémbralas en nuestra lengua" (la palabra) y "Aquí y para siempre sembremos / Entre nosotros esas plegarias" (2009, 43). Esas "palabras" / "plegarias" tienen importancia:

> Por la fuerza y la magia de la palabra
> Doctrina que se ha convertido en esperanza
> En el sentimiento del alma
> Transmitida por la voz de las cimarronas (Cortez Caicedo, 2009, 43).

Es decir, las cimarronas van a convertir palabras en acción y creen que los Orishas han sembrado las semillas de la resistencia y la liberación en este mundo, y no en el cielo.

La educación es la clave para el progreso y la liberación de la población negra. "Gratitud a los maestros" y "Canto para mi raza" articulan esta postura. La voz lírica se da cuenta del papel de los maestros en la misión educativa y moral de la comunidad. La misma actitud continúa en "Canto para mi raza", donde la misión de la educación está mejor definida en el estribillo:

> Como quisiera maestros negros
> Que la enseñanza que tú me impartes
> Sea la historia, la de tu pueblo
> Maestras negras deben hacerlo
> Porque la historia será escrita
> Con puño y letra, pero de negros (Cortez Caicedo, 2009, 41).

Es el deber de la maestra negra impartir su propia historia a los alumnos. Según la voz lírica, es la única manera de aprender la historia negra auténtica. De este modo, la historia afroecuatoriana será incluida junto a la historia oficial, porque "El que no conoce su historia está obligado a repetir lo que dicen los demás" (2009, 3), como dice en la introducción de *Me llaman la cimarrona*.

Entre las cimarronas destacadas, está la madre. Dos poemas interpretan la importancia de esta figura, "A mi madre" y "¡Madre!". Los dos tienen en común el impacto positivo de la madre, definida en el segundo poema de esta forma:

> Mujer que da vida a un nuevo ser
> Fuente inagotable de amor y ternura
> Luz que nunca se apaga
> Mano que nunca se suelta
> Vida que da vida (Cortez Caicedo, 2009, 27).

Como procreadora de la vida humana, la madre es una "fuente", una "luz", que garantiza la continuidad de la estirpe. La voz lírica les pide a los hijos que reconozcan diariamente la importancia de la madre y que no esperen el Día de la Madre para rendirle homenaje. Su amor es eterno e incondicional. La misma actitud positiva se proyecta en "A mi madre". Cuidarla para darle el respeto y el amor merecidos, y reconocer que, sin ella, los hijos no existirían. Si se la pierde, el dolor es insoportable, según la voz lírica.

Esmeraldas y la naturaleza también figuran en la poética de *Me llaman la cimarrona*. "Defensa del ecosistema", "Qué linda es mi tierra", "A Esmeraldas" y "La tierra donde nací" son ejemplos de ello. "Defensa del ecosistema" expresa las preocupaciones de otros escritores esmeraldeños, desde la perspectiva de San Lorenzo, "[. . .] tierra del sol y la lluvia / De la marimba, el cununo y el guasá" (2009, 11). En la actualidad, el ecosistema (plantas y animales) y la cultura material de San Lorenzo "Se encuentran amenazadas / Por la tala de los bosques indiscriminada" (2009, 11). Como resultado de ello, la voz lírica le pide a la comunidad que no vendan sus bosques y que los conserven. El progreso, representado por la carretera, por ejemplo, ha contribuido a la deforestación y sin estos bosques, la población tendrá menos oportunidades para trabajar. Hay que defender los bosques contra ese peligro: "Que es la vida misma que Dios nos da" (2009, 11). Es un poema de ecocrítica que reconoce la importancia de las relaciones entre los seres humanos y la naturaleza. La amenaza a los dos viene por medio del imperialismo ecológico, causado por la venta de tierra a extranjeros y la tala y deforestación.

"Que linda es mi tierra" discute la historia y otros aspectos de la cultura de San Lorenzo con el mismo mensaje de otros poemas relacionados con el medio ambiente. Los humanos y la naturaleza están vinculados inextricablemente, porque "El ecosistema está compuesto / Por seres vivos e inertes" (2009, 15). La voz lírica tiene un mensaje urgente porque San Lorenzo está sufriendo el impacto de la globalización y la modernización. No pueden vivir como sus ancestros, porque "Los animales se han ido lejos" y el agua "Toda está contaminada / Por los palmeros y mineros injustos" (2009, 15). No existe el mismo respeto hacia el ambiente que antes porque actualmente no se lo considera un recurso vital para sobrevivir, sino para explotar indiscriminadamente en beneficio de la avaricia de los seres humanos. En la última estrofa la voz lírica le suplica a Dios su bendición a San Lorenzo. La ideología sociopolítica es que Ecuador es un país multiétnico y pluricultural. Si es la verdad en Esmeraldas, ¿por qué hay tantas discrepancias sociales reflejadas en sus escritores?

"A Esmeraldas" es un homenaje apasionado a la provincia de sus ensueños:

> Esmeraldas multiétnica y pluricultural
> De bosque húmedo tropical
> De la espuma risueña de los ríos y mar
> Bella tierra del palmar
> Tierra verde de naturaleza sin igual
> De las húmedas hierbas del pastizal
> Tierra exuberante y grande
> Que da vida al futuro de su gente
> Que el que te visite tierra verde
> Lleve el encanto de tus mujeres (Cortez Caicedo, 2009, 45).

Es la visión del paraíso de muchos poetas que ensalzan las virtudes naturales y humanas de la provincia. Pero, poco a poco, esta utopía está empeorando a causa de la explotación sin regulación de sus recursos. La voz lírica refleja muchas de las actitudes presentes en los poemas de la "Introducción", pero la diferencia es la concepción ecocrítica que ofrece Cortez Caicedo.

El tema predominante de *Me llaman la cimarrona* es el papel de la mujer en el mantenimiento y el desarrollo de la cultura negra y su empoderamiento. "Rostro de una mujer negra" y "Creo en ti mujer" examinan su papel y sugieren una manera de seguir adelante. El primer poema recorre la trayectoria de la mujer negra desde la opresión social a la afirmación cultural. Antes había un proceso de victimización por parte de la gente:

> Negra, negra te gritaban los insolentes
> Retrocedía, los miraba y seguía caminando
> Sumida en el silencio sin respuesta
> Sin reproche, sin palabra nada contestaba
> No sabía cómo reclamar mis derechos (Cortez Caicedo, 2009, 49).

Cabizbaja, la voz poética aceptó los insultos como si fueran algo normal, una práctica apropiada de la sociedad. Poco a poco, su actitud sumisa cambiaba, y con la ayuda de Dios empezó a afirmar su identidad de mujer negra, con la misión de educar y motivar a las demás:

> Busco mujeres negras que se atrevan a ser ellas mismas
> Busco mujeres negras que rompan el silencio
> Que sean fuertes, independientes y seguras
> Dispuestas a descubrir y desarrollar sus potencialidades
> Que luchen como las cimarronas grandes
> Que sepan para dónde van
> Que el mundo entero se aparte para darles paso
> Que trabajen para eliminar el racismo y la inequidad
> Y que todas actuemos con libertad
> En esta sociedad en busca de la equidad (Cortez Caicedo, 2009, 49).

Es una llamada a la libertad personal, social y espiritual a las mujeres a tomar sus destinos en sus propias manos, abogando por el empoderamiento de negra feminista. La voz lírica respalda conceptos básicos del cimarronaje cultural. Está buscando mujeres atrevidas, abiertas, seguras de sí mismas e independientes que deseen romper los lazos de la dependencia doméstica y social. Mujeres que determinen su propia trayectoria y mejoren la sociedad, en vez de esperar el visto bueno de los hombres. El empoderamiento de la mujer afroecuatoriana es el tema de este poema y un motivo constante en la obra de Cortez Caicedo.

La voz poética expresa su confianza en el poder de la mujer en "Creo en ti mujer". Establece una jerarquía entre Dios, María Santísima y la mujer. En una anáfora de diecinueve estrofas, ensalza las virtudes de la mujer en general, y después de la mujer negra en particular, cuando dice:

> Creo en ti mujer negra
> En el espacio que te has ganado
> Y con voz propia hemos construido
> Nuestro propio futuro (Cortez Caicedo, 2009, 17).

Este apóstrofe anafórico con "cuando" crea una paradoja cultural. ¿Cuál es el papel del hombre negro en este discurso de afirmación cimarrona? En la penúltima estrofa la voz lírica afirma su creencia en Dios y en "las mujeres en mi Ecuador / Sin distinción de raza ni color". Reconoce que las mujeres tienen mucho en común a pesar de sus distinciones étnicas y que todas deben concentrar en "conciencia", "autonomía", "independencia" y "futuro".

El subtexto de *Me llaman la cimarrona* es la lucha lírica en contra del racismo, la discriminación y la inequidad, o sea, la resistencia social. Los poemas "No vayan a Europa", "¿Por qué nos discriminan si no nos conocen?" y "Racismo" son ejemplos de ello. "El racismo es un problema / Vivido en el Ecuador" son los primeros versos del poema "Racismo". Como en muchos países hispanoamericanos, se lo practica "Muy solapadamente". La voz lírica elabora el impacto social de esta práctica al final del poema:

> El racismo es producto de la ignorancia
> Por eso debemos dejar constancia
> Que aunque nuestros derechos estén en la Constitución
> Los indios y negros tenemos razón
> Para decir que estos no son cumplidos (Cortez Caicedo, 2009, 59).

En el caso del racismo, la discriminación y las leyes hay una brecha entre la teoría y la práctica. Lo que resulta es una distancia cultural entre los grupos étnicos ecuatorianos. "¿Por qué nos discriminan si no nos conocen?" examina esta paradoja social. En su búsqueda de una posible respuesta, la voz lírica resume gran parte de la experiencia afroecuatoriana desde África hasta hoy. Es que la cultura mayoritaria no conoce su propia historia de esclavitud, desculturación, mestizaje forzado y otras prácticas violentas. Quizá la respuesta a la interrogación quede en la historia. Las causas de la discriminación son múltiples: la ignorancia histórica, la creencia en la superioridad genética basada en pseudociencias, el color, los estereotipos, y los mitos raciales. Sin embargo, no se puede legislar la igualdad. Tratar de mejorar la vida y de disminuir la discriminación y el racismo en Europa es un error que la voz lírica explica en "No vayan a Europa". ¿Por qué? El viaje a otro continente desconocido representa el revés del cruce forzado del océano de los africanos al continente americano. Como en muchos de sus poemas, Amada Cortez Caicedo hace un resumen histórico relevante en ese poema: la captura, la venta, la esclavización de prisioneros africanos y la posterior lucha de estos por la libertad.

Este poema "No vayan a Europa" tiene mucha resonancia en la actualidad entre los africanos que van a Europa en barco y mueren en el mar. Si bien la gente que sale del continente americano, en su mayoría, viaja en avión, los resultados son iguales: "Hacen los peores trabajos cuando allá están / Reciben humillaciones si van ilegales / Dicen trabajar, callar y ser leal (2009, 21). Aquí muestra la discrepancia irónica entre expectación y realización en el mundo de los migrantes ilegales. Al parecer, la voz lírica ofrece soluciones a algunos de los problemas asociados con la migración: más oportunidades de trabajo y progreso para la gente en casa. En vez de huir a Europa, ¿por qué no quedarse y trabajar para mejorar la sociedad y las oportunidades en sus propios países? ¿Dónde queda el mayor riesgo?

También hay poemas dedicados a la niñez como en "El niño que desea ser amado", a la amistad como en "A mis amigas", y un "Himno de Momune", organización que se estructura en torno a "En la defensa del género / Lo defenderemos hermanas / Seguro en este milenio" (2009, 31). "Qué rica es mi comida" describe unos platos típicos de San Lorenzo.

Los dos poemas de *Voces de las cimarronas* que analizo aquí son "Gotitas de agua" y "Herencia africana". El primero es una selección ecocrítica que plantea el problema de la contaminación y la comercialización del agua en Ecuador. Para la voz lírica el agua es una herencia ancestral de Dios:

> Gotitas de agua dejadas por Dios
> La tomaron todos mis ancestros y yo,
> Hoy está amenazada y contaminada
> Luchemos todos para potabilizarla (Cortez Caicedo, 2008, 20).

"Gotitas de agua", como otros poemas afroecuatorianos ambientales, señala el impacto negativo del progreso en el medio ambiente, especialmente en el agua. La voz lírica expresa una ironía al afirmar "y hoy nos encontramos en plena sequía" (2008, 20), ya que están rodeados del agua del mar, los ríos y la tierra. Están buscando una solución política a un problema del medio ambiente.

El poema "Herencia africana" sigue la misma perspectiva de la literatura inspiradora para la población negra sobre la base de los sacrificios de los ancestros. La voz lírica oye su mensaje de resistencia: "Oigo su voz en mi mente diciendo que no cedamos" (2008, 12). Su existencia se debe a los sacrificios de los ancestros. La historia de Esmeraldas está escrita sobre los cuerpos de los ancestros. Su sangre y lágrimas nutrieron la tierra, los bosques, los ríos. Ya es hora de reconocer estos sacrificios y reclamar lo suyo, porque la herencia africana no es una teoría de sus contribuciones físicas y espirituales. La inspiración de la voz lírica viene de los sacrificios de los antepasados que trabajaron como esclavos para asegurar un mejor día. Simplemente, ha llegado la hora de recuperarse de los cuerpos castigados, las espaldas lacradas y los gritos inaudibles.

En su estudio clásico, *Representación del cuerpo, discursos e identidad del pueblo afroecuatoriano*, José Franklin Chalá Cruz (2013, 180) escribe lo siguiente en relación con la "Educación Cimarrona":

> Aquí y ahora, nuestra palabra se eleva amparada en la sabiduría cimarrona, en la memoria histórica colectiva que la colonialidad del poder no pudo silenciar, ni aniquilar, al punto de dialogar con los otros conocimientos incluida la razón, la ciencia y la técnica-occidental.
>
> La sabiduría cimarrona es el vaso comunicante con la vida. Al (re)encontrarnos con nuestros conocimientos, hablamos con voz propia, sobre la base de la revitalización de nuestra memoria histórica colectiva,. . .por nuestros cuentos, mitos, creencias, música, expresiones corporales de la danza, prácticas religiosas y rituales, la relación salud-enfermedad-naturaleza-cosmos, es decir, nos estamos encontrando con nuestra esencia del ser afrodescendiente, que nos otorga sentido a nuestras vidas, en el presente con proyección al futuro próximo y lejano.

Esta sabiduría cimarrona es lo que están evocando Amada Cortez Caicedo y otros escritores, hombres y mujeres, en sus escritos. Es un proceso de "revitalización de la memoria colectiva [. . .] por medio de cuentos, mitos, creencias, música, expresiones corporales de la danza, prácticas religiosas y rituales", entre otras. El cimarronaje cultural ha sido la base de la cultura afroecuatoriana en el pasado, el presente y la será en el futuro.

Me llaman la cimarrona de Amada Cortez Caicedo es una interpretación culturalista de la existencia de los afroecuatorianos en Esmeraldas que se basa en la teoría feminista de empoderamiento. Está basada en el concepto de cimarronaje, es decir, las prácticas que han mantenido los negros durante siglos, fundadas en creencias heredadas de sus ancestros africanos e indígenas. El propósito es educar y hacer que la población avance, mediante el énfasis en los valores positivos, materiales y espirituales, inherentes a la cultura negra. *Me llaman la cimarrona*, en esencia, es una llamada a la población negra a la acción, a ser protagonistas de la historia, no sus víctimas. El mensaje del libro queda bien claro.

Voces de las cimarronas

Las otras cimarronas. Sonia Viveros Padilla y Ximena Chalá Angulo

En la introducción a *Voces de las cimarronas*, C. M. (2008, 2) describe el papel de las mujeres negras:

> Las mujeres negras siempre han dejado un legado muy importante y valioso desde todos sus espacios vitales, ya sea como amas de casa, madres, esposas, profesionales, lideresas de sus organizaciones, pues cada una de sus expresiones —cotidianas o estéticas— transmiten el profundo sentimiento de su identidad negra, guerrera, emprendedora, valiente, de mujeres con un enorme corazón y profundos sentimientos.

El libro contiene los poemas de cuatro escritoras: Amada Cortez Caicedo, Irma Bautista Nazareno, Sonia Viveros Padilla y Ximena Chalá Angulo. A pesar del título, *Voces de las cimarronas*, la única poeta que demuestra aspectos del cimarronaje cultural abierta es Amada Cortez Caicedo. Las otras tres están preocupadas por el amor, el desamor y sus consecuencias. Ellas interpretan la dimensión humana personal íntima de las cimarronas cuando están afuera de la lucha a liberar o empoderar. Sus poemas demuestran que no tienen un enfoque singular.

Sonia Viveros Padilla

En otras páginas he analizado la poesía de Cortez Caicedo y Bautista Nazareno. Aquí voy a comentar las contribuciones de Viveros Padilla y Chalá Angulo. La primera publicó siete poemas en *Voces de las cimarronas*: "Si tan solo pudiera", "Para voz [sic], "Una sonrisa que encierra llanto", "Mi amor para siempre", "Una semilla", "Y ahora ¿qué?" y "Azúcar". Estos poemas expresan los sentimientos, los recuerdos, los deseos de la mujer, es decir, su dimensión interior.

La mayoría de estos poemas trata de las relaciones entre hombres y mujeres y los resultados de esas relaciones: frustración, anhelo, añoranza, ausencia, pérdida. "Para voz (vos)" expresa los mismos sentimientos que predominan en los otros poemas. La voz lírica declara:

Justo, pero justamente hoy
Estoy llena de nostalgia
Tengo ganas de llorar
Tengo un nudo en la garganta
Sabes, tengo necesidad de vos (*Voces de las cimarronas,* 2008, 52).

Ha aprendido lo difícil que es estar sola, y está pensando/soñando en un posible retorno del ausente. "Hoy" ha llegado el momento de darse cuenta de que no tiene "Alguien a quien abrazar", y expresa abiertamente su necesidad de un hombre.

"Una sonrisa que encierra llanto", otro poema, expresa una situación más íntima:

Todas las noches cuando me voy a
dormir
Dejo un espacio al lado mío
Para que en mis sueños
Te acomodes junto a mí
Y me arrulles mientras duermo (*Voces de las cimarronas,* 2008, 55).

A pesar de no ser una presencia física, su recuerdo e imagen dominan el pensamiento y los recuerdos de la voz poética aun en los sueños. Esta relación ha creado una dependencia física y mental en el otro. El "amor" que siente la voz lírica no parece ser recíproco. Utiliza la metáfora del río para expresar la distancia entre los dos:

Cruzando ese inmenso río
A sabiendas que no sé nadar
Ahora me deja en el otro lado
¿Cómo voy a regresar? (*Voces de las cimarronas,* 2008, 56).

El "inmenso río" simboliza la relación entre ellos y, dado que ha aprendido con él todo de la vida, ya no sabe cómo seguir sin su presencia. Se está debatiendo sin dirección y no sabe cómo navegar (nadar, flotar) la vida.

"[. . .] Una semilla" es el poema más expresivo de esta selección. Es muy sensual, con muchas imágenes eróticas en el texto. Otra vez hay una voz lírica intentando entender el impacto del otro en su vida: "Miro el cielo y no logro descifrar el / secreto de su encanto" (2008, 57), dice la voz lírica. Este "encanto" va a afectar su trayectoria de vida. La ironía es que esta relación puede ser una fantasía y producto de la imaginación de la voz poética. Hay ambivalencia en todo el poema:

> No puedo entender eso que no he vivido
> No puedo saber si existirá el siempre
> Porque mis ojos y mi cuerpo
> En la imposibilidad de ser parte de él
> Se ocultarán algunos días muy distantes (*Voces de las cimarronas,* 2008, 57).

Expresar su deseo de compartir la vida con él es una paradoja de realidad y fantasía, pero tiene sus deseos: "Aun tengo un sueño / Robar de él una semilla / De la que germinará silenciosa mi fortaleza" (2008, 58). ¿Por qué "robar"? En los versos siguientes habla de las relaciones íntimas con él, por medio de una serie de llamadas y respuestas:

> ¿Cuántas veces han tocado mi cuerpo?
> La verdad ha escapado de mi recuerdo
> ¿Cuántas veces besaron mis pechos?
> No lo sé, nunca despertaron
> ¿Cuántas veces poseída por el cuerpo
> me entregué?
> Jamás lo hice, aunque mi materia
> reaccionaba
> Descubrí que nunca me entregué en una
> caricia
> Tal vez jamás recibí una verdadera (*Voces de las cimarronas,* 2008, 58–59).

¿Es una mezcla de realidad y fantasía, de afirmación y negación? ¿Quién sabe? Al terminar, el poema dice:

> Hace apenas unos años
> Aprendí a amar
> Con el cuerpo más sensible que el espíritu
> Hace apenas unos años lo conozco (*Voces de las cimarronas,* 2008, 59).

"Amar" es la palabra clave que se utiliza una vez en el poema. Pareciera que a los 38 años encontró lo que estaba buscando, una relación donde el cuerpo predomina.

Pero no todos los poemas de Sonia Viveros Padilla tienen que ver con los sentimientos de mujeres. "Y ahora ¿qué. . .?" y "Azúcar" tienen su inspiración en las organizaciones donde ella funcionó como directora de la Fundación de Desarrollo Social y Cultural Afroecuatoriana "Azúcar" y como coordinadora del Proyecto de Desarrollo Casa Cultural Afroecuatoriana con Manos de Ébano.

"Y ahora ¿qué. . .?" es un poema que elogia, y a la vez cuestiona, la Fundación Manos de Ébano. Reacciona la voz lírica:

> "Ébano". . .que buena propuesta
> . . .¡apostémoslo para apoyar. . .!
> ¿Los emprendimientos. . .?, ¿y lo social. . .?
> ¿Lo cultural? (*Voces de las cimarronas*, 2008, 60).

Aquí una buena propuesta tiene que enfrentar la realidad de los factores que van a asegurar su posible éxito. Las marcas interrogativas y los silencios ponen en duda el apoyo en un choque entre aspiraciones y la posibilidad de realizarlas. Sin embargo, el proyecto continua, y resulta de esta forma:

> "Ébano una realidad"
> realidad, mirada con ojos de madre
> mirada con rebeldía ancestral
> mirada con capricho
> mirada con sueños de identidad (*Voces de las cimarronas*, 2008, 61).

Esta realidad desea incorporar aspectos de familia, tradición cimarrona y de afirmación étnica. La voz lírica ve todo el proceso como un gran juego en el cual todos pueden participar, incluyendo "Azúcar", el título del próximo poema. Es una metáfora para jóvenes negras y sus características físicas, pero tiene relación con la organización del mismo nombre.

"Manos de Ébano" se convierte en un juego comunal donde todos participan. El poema, del mismo título, sirve de inspiración a las niñas negras motivadas por las imágenes de "Azúcar". Pero estas se proyectan en las mujeres también con su "magia y encanto", "labios calientes", "un caminar muy sensual", entre otras. La voz lírica, efectivamente, hace analogías entre las personas, el producto y su ambiente natural. La organización dirigida por Viveros Padilla no está mencionada en el poema.

Los poemas de Sonia Viveros Padilla no están escritos con el mismo mensaje que los de Cortez Caicedo. Su enfoque principal es la mujer, el amor y sus preocupaciones por el hombre, en vez de la cultura afroecuatoriana. La única excepción es el poema "Y ahora ¿qué. . .?", en el cual la voz lírica describe la labor de establecer una organización cultural en la comunidad. Nos da una visión de una mujer sensitiva y activista como lideresa con "profundos sentimientos".

Ximena Chalá Angulo

Los diez poemas de Chalá Angulo expresan las mismas preocupaciones temáticas que los de Viveros Padilla: el amor, la tristeza, el anhelo y otros motivos asociados con relaciones frustradas. "¿Dónde estás?", el primer poema, se trata del amor perdido y plantea preguntas que aparecen en casi todos los textos: "¿Por qué te fuiste?" (cuatro veces) y "¿Volverás conmigo?" (2008, 67–68). Pero la voz lírica tiene una respuesta a la interrogación:

> Te fuiste y te olvidaste de nuestra vida,
> como si no hubiese sido importante
> como si no hubiese existido
> como si no hubiese dicho que me
> amabas (*Voces de las cimarronas,* 2008, 68).

Anáfora con "como si no hubiese" expresa la desilusión sentida por la voz lírica al darse cuenta de que ya él es nada más que una mera memoria. Ya se fue el entusiasmo. El amante ahora existe en los pensamientos, la imaginación y los sueños. Es un recuerdo de tiempos pasados, una invención de la memoria. Ella es víctima de un amor "desesperado e impaciente".

El poema "Te quiero" es otra declaración de un amor imposible. Al comienzo, la voz lírica trata de desentrañar la diferencia entre sueño y realidad sobre la existencia física o la inexistencia del otro. Proyecta una visión romántica de los recuerdos de la relación, hasta la intención del amor:

> Hiciste que entendiera que decir te quiero
> tiene varios significados, entonces,
> hoy te quiero (*Voces de las cimarronas,* 2008, 69).

La voz lírica tiene su propio entendimiento de la expresión "te quiero", basado en la experiencia con él. La distancia entre los dos no puede disminuir la pasión ni los recuerdos que todavía existen.

"Dicen" es otro poema lleno de conjeturas. La anáfora "Dicen que" se repite al principio de las siete estrofas. La voz lírica utiliza la expresión para mencionar "personas", "recuerdos", "amor", "caricias" y otros elementos de las relaciones íntimas. "Dicen que" refleja la expresión de los otros:

Dicen que soy tuya, y que eres mío
y que nuestros frutos serán eternos,
y que a veces no tendremos sueños
compartidos sin que por eso deje de
amarte (*Voces de las cimarronas*, 2008, 72).

Pero la voz lírica tiene una respuesta a lo que "dicen":

Dicen, dicen
¿Quién dice?
Yo digo que te amo (*Voces de las cimarronas,* 2008, 72).

Es decir, las teorías y actitudes de los otros hacia las relaciones entre las protagonistas no pueden reemplazar el conocimiento y la pasión de una relación íntima.

"Tiempo" es un poema del amor perdido. "¿Me inventaste?" es una interrogación en los primeros y los últimos versos del texto. La voz lírica está lamentando que "Hace tanto tiempo robaste una parte de mí / y la llevaste contigo. . .contigo y sin preguntarme" (2008, 73). Hay un sentido de engaño, de anhelo y lo que quedan son los recuerdos de momentos íntimos robados, sobre todo de "los besos dados sin entender. . .sin sospechar" (2008, 73). Hay esperanza de que todavía queden guardadas en la memoria del amante imágenes de ella, a pesar del transcurso del tiempo.

"Puedo" también está construido alrededor de imágenes de recuerdos. Las cuatro estrofas comienzan con una anáfora: "Claro que puedo caminar", "Claro que puedo dibujarte", "Claro que puedo verte", "Claro que puedo sufrir". "Puedo" es un poema de sacrificio de la voz poética que termina cada estrofa después de elaborar lo que puede hacer por el otro con "claro que puedo" en medio de "tus recuerdos empedrados" (2008, 74). La distancia entre el sueño y la realidad es profunda:

Claro que puedo verte soñar
Y puedo concebir que en esos sueños
no anide yo

Y puedo estirar mis dedos y no tocarte,
claro que puedo (*Voces de las cimarronas,* 2008, 74).

Poder imaginar una acción y ponerla en la práctica es el dilema de la voz lírica. "Puedo" domina el poema, pero solamente expresa posibilidades. Termina con una afirmación del amor eterno "yo puedo". Parece que el poder de la imaginación puede ser tan efectivo como la presencia física.

Hay cinco "Poemas" en el texto, con una temática similar. La primera estrofa de "Poema I" captura sucintamente los sentimientos de los otros:

No siento vergüenza al sentarme aquí
otra vez
con el corazón vacío y solo,
es que me da miedo quedarme conmigo
misma (*Voces de las cimarronas*, 2008, 75).

La voz lírica está reflexionando sobre los fuertes golpes de la vida y su incapacidad de conciliar el pasado y el presente. Expresa soledad y alienación de sí misma. Está en un estado casi catatónico, sin capacidad de pensar ni funcionar normalmente, a causa de las ausencias y las distancias. Está buscando respuestas y motivación en los recuerdos de los tiempos idos y cómo llenar el vacío que no está resuelto.

"Poema II" es una poderosa expresión de las mismas tendencias. "Estoy aquí" es un motivo repetido para enfatizar ausencia y esperanza. En el pasado inventaron un mundo "fantástico" y ahora ella se encuentra "descontrolada porque ya no hay ilusión que me mantenga contigo" (2008, 78). Fue una relación conflictiva; la voz lírica menciona las luchas entre la pareja y los castigos psicológicos de él. Pero las palabras "a pesar de" parecen justificar su tratamiento. Fue una relación en la cual ella dio, él recibió y se despidió. La voz lírica tiene memoria de "susurros azucarados" y "besos limpios": los resultados de "nuestro amor herido".

"Qué cerca estuviste" es el *leit motif* de "Poema III". Es otro texto lleno de imágenes de ausencia, añoranza y frustración. Como los otros "Poemas", este es una reflexión presente sobre una relación del pasado. El poema empieza con unas imágenes seductoras de la relación. La voz lírica recuerda: "incluso sentí tu suave respiración en mi / cuello desnudo y sediento, / sediento de ese beso lleno de ti" (2008, 80). Hay una deconstrucción de este sentimiento en los versos siguientes, y finalmente, una interrogación acerca de su "amor indefenso": "¿De qué sirvió desperdiciar tanto café, / tantas hojas, tantas lágrimas, tantas ganas?" (2008, 80). Es un pasado que no se puede cambiar ni recuperar. Como en los otros "Poemas", la voz lírica se ve a sí misma como víctima de este "amor indefenso", pero termina el poema diciendo "Qué cerca estuviste. . .y hoy te extraño" (2008, 80).

"Poema IV" también está estructurado alrededor de imágenes de sueños y recuerdos. Es el más corto de los cinco y está compuesto de once versos. El "¿Qué hago?" anafórico es el *leit motif* del poema, que interroga: "¿Qué hago con tu recuerdo que no cabe en mí?" (2008, 81); "Nada" es la respuesta a su desilusión y frustración.

"Poema V" es el más intenso de los cinco por la proyección del impacto de la frustración y la pasión del amor perdido. La postura de la voz lírica es "Engañándome. . .engañándote / Pues sin querer me he convencido / De que ya no habitas en mi piel" (2008, 82). Ha dejado recuerdos, nostalgia y deseos vinculados a momentos íntimos. Acepta que, para él, ella es nada más que un recuerdo. La voz lírica, sin embargo, expresa que "continúo guardándote en aquel baúl de / nostalgias" (2008, 82). Está lleno de dolor y sueños. Parece que hay esperanzas, quizá falsas, en una situación irreconciliable.

El título del libro es *Voces de las cimarronas*, pero ¿por qué hay tanta diferencia entre los poemas de Amada Cortez Caicedo, la editora, y los de Sonia Viveros Padilla y Ximena Chalá Angulo? Los poemas de Cortez Caicedo están imbuidos de conceptos del cimarronaje cultural: la experiencia afroecuatoriana, la afirmación de su presencia e importancia en la nación y el empoderamiento de las mujeres. Ningún poema de ella aborda la pérdida de un amante ni sus consecuencias emocionales y psicológicas.

Por otro lado, los poemas de Viveros Padilla y Chalá Angulo, quienes han tenido papeles importantes en organizaciones afroecuatorianas, se aproximan a las relaciones terminadas físicamente, pero vivas en la memoria de las voces líricas. La explicación puede ser que estas dos poetas están presentando el lado personal, emocional y lo que experimentan las cimarronas antes, durante y después de sus luchas para mejorar la sociedad. Posiblemente, a causa de la lucha social por empoderamiento, hay que pagar un precio muy alto en la vida personal, como se ve reflejado en los poemas de las dos autoras.

Obras citadas

Chalá Cruz, J. F. (2013). *Representación del cuerpo, discursos e identidad del pueblo afroecuatoriano.* Abya Yala, Universidad Politécnica Salesiana.

Cortez Caicedo, A. (ed.). (2008). *Voces de las cimarronas.* Coordinadora Nacional de Mujeres Negras, Centro Cultural Afroecuatoriana, Centro Cultural Afroecuatoriano, Cooperazione Internazionale, Unión Europea.

Cortez Caicedo, A. (2009). *Me llaman la cimarrona.* Corporación de Desarrollo Afroecuatoriana.

III

ORLANDO TENORIO CUERO, OTRA VEZ ELLA, EL MAR Y LOS RECUERDOS (2003) Y WALTER JACINTO GONZÁLEZ TENORIO, LAS HUELLAS DIGITALES DE MI PUEBLO (2012)

Estos dos poetas tienen en común su pasión por expresar el significado de ser escritores negros en Ecuador e interpretar aspectos de su cultura en sus obras. He escogido poemas de cada autor que articulan estas tendencias. Orlando Tenorio Cuero es el autor de cuatro libros de poesía: *El alfabeto de las golondrinas* (1974), *Epístolas para el hombre y el mar* (1978/1982), *Otra vez ella, el mar y los recuerdos* (2003) y *Huellas imborrables sobre la arena* (2011). En estos textos Tenorio Cuero interpreta aspectos desde una perspectiva poscolonial de la historia, la naturaleza, la cultura negra, el medio ambiente, el amor y el contexto cultural del Ecuador afro y la nación. De esta manera, su poesía abarca una variedad de temas y técnicas en una exploración literaria amplia y profunda.

(Walter) Jacinto González Tenorio ha publicado, hasta la fecha, dos libros de poesía: *Camino hacia la luz con la sangre armada* (SF) y *Las huellas digitales de mi pueblo* (2012). La mayoría de los poemas del primer volumen son de tendencia romántica, mientras el segundo libro contiene una variedad temática más amplia: le canta a la naturaleza, la mujer, el amor, la soledad, la familia y el pasado. Esmeraldas está también en el centro de su discurso.

Orlando Tenorio Cuero. Epístola para el hombre y el mar (1982) y Otra vez ella, el mar y los recuerdos (2003)

Orlando Tenorio Cuero cuenta dos versiones de la historia afroecuatoriana: una oficial; y otra, la intrahistoria del pueblo. Los dos poemas que considerar son "Negros somos ¿y qué?" y "La otra parte de la historia". Los primeros versos de "Negros somos ¿y qué?", en *Otra vez ella, el mar y los recuerdos*, son un acercamiento tradicional a la experiencia de la diáspora afroecuatoriana:

> Mil quinientos cincuenta y tres,
> como te recordamos como si fuese ahorita,
> aunque el pasado está inmerso en lágrimas
> amargas que deberíamos olvidar;
> porque en uno de tus días
> lleno de vientos y tempestades,
> los blancos nos despojaron
> de nuestras tierras ancestrales
> y encadenados nos trasplantaron
> a esta América india como símbolo
> de esclavitud (Tenorio Cuero, 2003, 67).

Es un poema de la diáspora africana y sus comienzos en Ecuador. La voz lírica recuerda la historia de los negros desde la toma de prisioneros en África, el cruce forzado del Atlántico y la posterior esclavización en el continente americano. El año 1553 es particular en la historia ecuatoriana por la llegada de Alonso de Illescas y los primeros africanos. Es un recuerdo vívido, basado en la memoria ancestral del despojo, las lágrimas y las cadenas soportadas como consecuencia de la agresión de los blancos. Lo importante es que esta experiencia ha dejado una marca indeleble en la consciencia colectiva negra.

La voz lírica, entonces, habla de las condiciones de vida bajo la esclavitud y sigue cantando la saga de una experiencia compartida con millones. "De esa opresión y explotación a manos de los racistas, criminales hemos recobrado la voz y la libertad que perdimos / con la frente en alto" (2003, 73–74). Hay una trayectoria que va del secuestro a la afirmación de su dignidad por medio de la resistencia a la deshumanización. En "Negros somos ¿y qué?" la voz lírica interpreta aspectos negativos del desplazamiento y la esclavitud, pero el interrogativo "qué" proyecta, quizá, un mejor futuro.

Una perspectiva más íntima de la experiencia histórica negra está expresada en otro poema de Orlando Tenorio Cuero. En el contexto de la belleza natural y la armonía cultural de Esmeraldas hay también voces de resistencia al estatus quo, que toman la historia como su punto de partida. Por ejemplo, "La otra parte de la historia" de Tenorio Cuero, en *Epístolas para el hombre y el mar*, la voz lírica contextualiza la presencia afroecuatoriana. La primera mitad del poema habla de la mano de obra durante la esclavitud y la crueldad del sistema. Recuerda los esfuerzos para deshumanizar a los negros:

> Nadie les enseñó que
> Dos más dos son cuatro
> ni que cinco por cinco es veinticinco,
> por eso nunca pudieron sumar tantas
> décadas que sepultaron sus alegrías
> ni conocieron el alfabeto
> para escribirle de las injusticias
> a Dios (Tenorio Cuero, 1982, 73).

El propósito de la esclavitud fue convertir a los prisioneros africanos en máquinas de trabajo y, a través de un proceso de zombificación, hacer que la persona perdiera su humanidad y la conciencia de su ser. La tierra, la siembra y la cosecha fueron sus preocupaciones y responsabilidades. La educación no formaba parte del proceso. Sin educación y existiendo de manera atemporal, se perdieron en los ciclos del universo, sin capacidad de documentar en el transcurso del tiempo el maltrato que sufrieron en este mundo frente a Dios.

La voz lírica sigue documentando las injusticias que la gente ha internalizado y habla de corregir la historia oficial por medio de la acción con la educación en el centro: "tomando por bandera la espiga / y la palabra, el lápiz y el cuaderno,. . ./ nosotros otra vez volvamos a la / siembra" (1982, 73). La otra parte de la historia que ellos escribirán vendrá con la resistencia y la autoafirmación en contra de un sistema de represión y denigración. Las herramientas que van a utilizar para "sembrar" la idea de liberación son "la espiga / la palabra, el lápiz y el cuaderno". "Sembrar" es la metáfora central; es un proceso físico y mental que se evidencia cuando la voz lírica dice que "conjuguemos la cosecha del trigo / con los números y el alfabeto". Normalmente, limitamos "conjugar" a la gramática, pero aquí es una metáfora asociada con la liberación y la justicia para los negros después de siglos de maltrato y explotación. Es verdaderamente otra parte de la historia que merece ser conocida.

El tema de la afirmación también se expresa en el poema "Yo canto a la libertad" de Tenorio Cuero, donde la voz poética exclama:

> Por ti Esmeraldas,
> alza el negro sus cantares
> blancos lirios y azahares,
> perfuman el fresco ambiente
> y brilla el sol libertario,
> símbolo de negritud;
> de trabajo y rebeldía,
> sobre montes y palmares (Tenorio Cuero, 1982, 67).

El apóstrofe permite la voz poética exaltar la importancia de esta "patria chica" en el desarrollo de la cultura negra. La dimensión ecocrítica está presente en las relaciones entre negro, sol, ambiente, montes y palmares. En el contexto poscolonial Esmeraldas es un símbolo de afirmación cultural. Además, Esmeraldas, cuna del negro, es el lugar donde el negro define y destila su cultura en un ambiente, hasta ahora, paradisíaco. Pero la voz poética admite que, a pesar de las apariencias, hay cambios profundos en estas flores, el aire, el sol y la flora y la fauna en general.

Orlando Tenorio Cuero articula sus preocupaciones por el medio ambiente en un artículo que publicó sobre la refinería de petróleo. La promesa a la gente y a la provincia de Esmeraldas fue que la refinería de petróleo ". . .sería la salvación de nuestra provincia, que habría mucho trabajo para nuestra gente y caímos realmente en la jugada". Descubrieron que hay una gran distancia entre la teoría y la práctica. Tenorio Cuero agrega:

> La refinería es una *estancia de muerte* que tenemos los esmeraldeños, la refinería está matando a nuestra gente. En las noches se respira el aliento, *se respira el petróleo* vivo. Nuestros ríos han comenzado a perder su belleza porque la vida de *los peces* comienza a desaparecer, de las *aves*. Teníamos un río, el *río Tiaone*, que era una fuente de vida. Nuestros hermanos iban al río y regresaban con peces, con camarones. . .Ahora ese río que pasa muy cerca de nuestra ciudad, no tiene un solo pez, no tiene un solo camarón y eso realmente nos duele. . .(Tenorio Cuero, en "La Refinería poema ecológico" http//abascus.bates.edu/~bFramoli/página/Baltasar.html.

El autor describe un ejemplo clásico del imperialismo ecológico. La refinería viene con promesas de mejorar la vida de la población con buenos trabajos y mejoramiento de la infraestructura, pero, en realidad, es una jugada capitalista que tiene interés en los beneficios corporativos. El impacto sobre el aire, el río y el medio ambiente es permanente. Y ¿qué pasó con los buenos trabajos prometidos y su impacto sobre la vida diaria?

> Endureció la vida, todo se puso más caro desde el momento en que comenzaron en construirla, porque quienes vinieron a trabajar en esa refinería, que fueron *extranjeros*, gente que ganaba en *dólares* mientras nosotros ganábamos en sucres, todo lo repagaban y entonces el esmeraldeño realmente le quedó poquísimas oportunidades, y es más, la gente que trabaja allí es una *élite*, muy pocos de nosotros, muy pocos *negros*, muy pocos *jóvenes*, *técnicos*, trabajan allí. . .(Tenorio Cuero, en *Abacus, Literatura afroecuatoriana y ecología*).

Esta situación es muy parecida a la de la construcción del canal de Panamá, o a la construcción de la refinería de petróleo en Guinea Ecuatorial. Le pagan a la gente local en moneda nacional y a los extranjeros en una moneda de más valor (dólares/oro/plata en Panamá). Pero en Ecuador el dólar ya es la moneda oficial; antes era el sucre. El impacto de la refinería que señala Tenorio Cuero ha forzado a mucha gente a migrar en busca de trabajo y ha profundizado la división entre las clases sociales. Lamentablemente, dice el autor en cuanto a la refinería: "En Esmeraldas solamente se quedan sus efectos nocivos, se queda *el veneno* con nosotros".

Los hombres también escriben sobre el amor. En el poemario *Otra vez ella, el mar y los recuerdos* Orlando Tenorio Cuero dedica varios poemas a la familia y, sobre todo, al amor. Vale la pena empezar con el poema que le da el título al libro: "Otra vez ella, el mar y los recuerdos". Empieza el poema con un despertar romántico con la otra. Metafóricamente, refiere al sol como "nuestra dulce y solidaria amiga" (2003, 23). Después reflexiona sobre el barrio, los actos de gentileza y lo perdido. El mar, simbólicamente, es un testigo del amor frustrado, o sea, el "naufragio" de la relación entre los dos. Pero la voz mantiene una imagen positiva de la relación entre ellos. Él es el perdedor: "Ahora soy como un exiliado sin pasaporte / que habita en su propia patria" (2003, 24). Expresa en este poema un sentimiento de alienación de sí mismo, la naturaleza y la sociedad en general, y lamenta el fin de una relación amorosa.

"Canto a la mujer" elogia esta figura y sus cualidades positivas en el contexto de la naturaleza:

> ¡Mujer divino ser!
> risueña mensajera de la aurora
> y la ternura,
> mi bien amada y dulce camarada (Tenorio Cuero, 2003, 37).

"Canto a la mujer" lleva como epígrafe un verso bíblico de Prov. 3:10: "Mujer ejemplar, ¿dónde se hallará? / ¡Es más valiosa que las piedras preciosas" (2003, 39). Parece que la voz lírica ha encontrado esta mujer ejemplar definida por su alegría y hermosura, en un contexto natural. Pero es "mujer incomprendida", a pesar de ser "sombra inseparable del hombre". La voz poética está describiendo la mujer arquetípica, "símbolo amalgamado del placer / y el sufrimiento" (2003, 38), y pide que ella viva para siempre, a pesar de la dualidad de su presencia.

El poema "Promesa a mi madre" es un resumen de las características positivas de esta mujer, a quien muestra su respeto y amor. La madre es símbolo de amor, ternura, seguridad y, sobre todo, un arquetipo de vida. Es una presencia que la voz lírica desea guardar para siempre, helar su imagen en el tiempo, en un lugar "donde el tiempo no marchite" (2003, 43).

Dedica poemas a otros miembros de la familia, como en "Niña prematura" ("Hija mía"), "Muñeca negra" ("A mí hija Gabriela Indira"), que expresan la ternura del padre hacia ellas.

Son recuerdos de un padre que rememora los momentos claves en la niñez de su hija. La apariencia, las palabras, y aun las caricias de la hija, siempre estarán con él. También hay poemas dedicados a las educadoras, a los amigos y a figuras históricas, que demuestran la variedad temática de Orlando Tenorio Cuero en sus interpretaciones de la realidad afroecuatoriana.

Vale la pena mencionar que los epígrafes de *Otra vez ella, el mar y los recuerdos* están dedicados a dos humanistas: Kahlil Gibran y Martin Luther King, Jr., a quien le dirige una misiva.

"Carta a Martin Luther King, Jr." es un homenaje al líder de los derechos civiles en EEUU y el mundo. Esta epístola es un apóstrofe extendido que enlaza los valores del hombre y sus esfuerzos para mejorar la sociedad. El poema empieza con una invocación a King Jr.:

> Hermano Pastoral,
> sembraste el
> sueño por liberar la paz
> en surcos pasionarios de tormentas,
> y encontraron tus pasos
> antes de la cosecha (Tenorio Cuero, 2003, 19).

La voz lírica utiliza la metáfora de "sembrar", como en otros poemas, para instalar la idea de forjar una base fuerte sobre la cual se puede poner en práctica las ideas. Como Pastor, no está cuidando las ovejas en el campo, sino el bienestar físico y mental de sus miles de personas. Su mensaje es de paz y hermandad por medio del amor, el sueño permanente de Martin Luther King. Pero la voz lírica reconoce la imposibilidad del sueño del Hermano Pastoral:

¡Ah! si yo pudiera separar el alba
del crepúsculo.
Y asesinar como tú
con proyectiles de ternura a la pobreza
que se quedó entre el querer,
la rebeldía y la resignación a medias,
colgada de un árbol de sonrisas distantes
y lágrimas insatisfechas y perennes (Tenorio Cuero, 2003, 19).

"Separar el alma del crepúsculo" es imposible, como la idea de "asesinar con proyectiles de ternura a la pobreza". Suenan muy bien en la teoría, pero, prácticamente, las ideas no eliminan la pobreza ni la distancia que persiste entre "querer", "rebeldía" y "resignación". Los resultados son "lágrimas insatisfechas y perennes". La voz lírica elabora muchas de las frustraciones inherentes en el acercamiento pasivo del Pastor a los problemas endémicos de la sociedad. Está abrumado por los desafíos que dan como resultado metafórico "ríos desbordados / que engrosan los causes de tu sangre africana" (2003, 20). La violencia está presente siempre al mencionar "colgada de un árbol de sonrisas distantes", una metáfora de *lynching* de negros. La voz lírica, sin embargo, percibe la fraternidad:

De hombres negros, de hombres blancos,
náufragos que emergen
aferrados a nuestro mismo sueño
de luchar porque ya no haya más guerras,
y que la paz y la felicidad
se reencuentren definitivamente
en el mismo continente de la libertad (Tenorio Cuero, 2003, 20).

Negros y blancos comparten un destino común, y la única manera de materializar las promesas de la sociedad es a través de "la paz y la felicidad", que son los sueños de Martin Luther King y todos los que buscan la verdadera libertad y ciudadanía. Al dedicar un poema a Martin Luther King Jr. el autor hace una conexión diaspórica muy importante en la lucha por los derechos civiles, la justicia e igualdad para la gente negra y la fraternidad en el mundo en busca de un mejor futuro.

(Walter) Jacinto González Tenorio. Camino hacia la luz con la sangre armada (s/f) y Las huellas digitales de mi pueblo (2012)

Este autor personifica algunas de las semejanzas y diferencias entre los escritores afroecuatorianos: su arte, su etnia y su cosmovisión. Falleció González Tenorio el 6 de diciembre de 2019 a los 77 años de edad. En una entrevista en la revista *Tierra Verde*, Walter Jacinto González Tenorio (Jalisco) responde a la pregunta: "¿Cómo concibe usted la poesía?":

> Creo que la poesía no tiene color; mas, por la carga de la naturaleza del poeta se la identifica con tal o cual grupo étnico, político o social. Diríase que la poesía es como el espíritu de Dios, que no se lo ve, pero se lo siente (*Jalisco González*, 2014, 23).

La concepción de la poesía de Jalisco González es similar a la de Antonio Preciado y opuesta a la visión de Diógenes Cuero Caicedo. A pesar de eso, el arte poética de Jalisco González se basa en su capacidad creativa y las experiencias de los negros ecuatorianos.

Otra pregunta que González contesta en la entrevista es la siguiente: "¿Toca usted los temas de la negritud?"; a la cual responde refiriéndose con este arrullo que celebra la vida/muerte de un niño:

> No, no; como negritud no. Pero sí abordo la forma de hablar, la manera cómo se expresan entre ellos, en fin: "Tata aiyé / Mama aiyé / Muluta ariguandé / Anda de mano en mano / divirtiendo a los adultos / de mano de las cantoras / que despiden al morito" (*Jalisco González*, 2014, 24).

Este arrullo es el único que incorpora la lengua popular a su obra, con este ejemplo de "jitanjáforas" (onomatopeyas). Parece que no admite la verdad de que la negritud es una afirmación de los valores de la gente negra. Ve la negritud como un fenómeno del pasado que fue cambiado por la aculturación y el mestizaje, con la mezcla cultural y biológica. A continuación, dice:

> Entonces se cambió su manera de ser, y lo originario fue quedando solo como tradición, o pasó a ser folclor. Lo mismo que ocurrió con la comida de los negros, con su vestimenta [. . .]. Todas esas cosas sí las toco en mi poesía (*Jalisco González*, 2014, 24).

A pesar de definirse como "yo soy puro", Jacinto González elabora una visión contradictoria sobre lo que es la negritud literaria. Niega que aborda los temas, a la vez que afirma que hay una forma de hablar, tradiciones, folclor, comida y vestimenta de los negros. Parece que hay una confusión sobre lo que significa la "negritud" para él.

En relación con su declaración de que "[. . .] en su poesía no hay la rebeldía o el resentimiento que se encuentra en alguna poesía negra", González afirma: "No, no, no. Yo ya no tenía razón para aquello, y cuando oigo eso, yo siempre digo que están equivocaditos; porque se quedaron en el tiempo. Yo creo que ya no podemos seguir con lo mismo. Ahora es otra cosa" (*Jalisco González*, 2014, 24).

La visión literaria de Jalisco González es ambivalente, en contraste con la de otros y otras escritores de Esmeraldas. Los aspectos culturales que González niega son la base de su cimarronaje. A él no le gusta una literatura "esencialista", parece; pero sin el contexto negro, ¿quién va a leer la obra del autor? En la misma poesía de Jalisco González es donde encontramos su cosmovisión de negritud y no en las palabras de una entrevista, es decir, la poesía habla por sí misma.

En su reseña de la obra de Jalisco González, Josefina Martínez Godoy (2009, 52) escribe:

> Asomarse a la poesía de Jalisco es evocar nuestras raíces, es sentir la presencia del África ancestral y su influencia en los escritores afroesmeraldeños; es mirar por aquella ventana nuestra negritud a flor de piel, a través de versos cargados de magia, color, calor, sabor a trópico y música de tambores.

A pesar de lo que afirma González, la crítica literaria lee su obra en el contexto del cimarronaje cultural afroesmeraldeño. En su aproximación, Martínez Godoy señala el lenguaje poético cargado de "onomatopeyas, metáforas, e imágenes" rítmicas que recrean, a través de la tradición oral, "la memoria colectiva de los abuelos" (2009, 52). En su opinión, Jalisco González es "[. . .] uno de los más connotados representantes de la lírica negrista en el Ecuador" (2009, 53).

Para mí, la poesía de Jacinto González no es "negrista", porque va más allá de la superficie y expresa una comprensión más profunda de la cultura negra ecuatoriana, a pesar de que niega ser un representante de la negritud. Claro, su poesía no tiene color, pero su forma y contenido, como señala Martínez Godoy, representa la esencia de literatura negra.

(Walter) Jacinto González Tenorio es autor de *Camino hacia la luz con la sangre armada* (s/f) y *Las huellas digitales de mi pueblo* (2012). Los poemas del primer libro son, en su mayoría, románticos, dedicados a la mujer. También se destaca

"Carta a mi padre", un poema de añoranza y pérdida, que está repetido, como muchos de los otros poemas, en *Las huellas digitales de mi pueblo.* Esta "carta" expresa los sentimientos y la duda sobre el futuro por la voz lírica en este apóstrofe extendido. Lamenta su situación: "Y soy heredero de las mismas cadenas / que te ataron por siempre" (s/f, 63). La voz lírica lamenta la pérdida del padre, de quien conserva recuerdos muy positivos. Su ausencia ha causado un dolor inconsolable en un presente desafiante donde nada ha cambiado. Las cadenas son una metáfora de la esclavitud y símbolo imborrable de la conciencia colectiva negra. En el presente la voz lírica reconoce la herencia ignoble que le dejó su padre, e intenta cambiarla. El color "rojo" simboliza su furia y frustración (rojo, enrojecida, roja, rojo) por la falta de cambio y progreso social. ¿Es posible que este "overol rojo" que lleve sea un uniforme de prisión? Parece que la muerte le robó la oportunidad de colaborar con su padre para efectuar actos de resistencia contra el sistema represivo. Está pensando en una rebelión armada para liberar a los "humildes". Le gustaría mejorar la condición del obrero que sufre bajo un sistema violento de pseudodemocracia. El hijo escribe amenazado por los "cobardes" que intentan mantener el estatus quo. Su carta/grito es una llamada silenciosa a la resistencia y la rebelión. Pero sin el padre, no es posible.

"Canto fluvial" en *Las huellas digitales de mi pueblo* empieza como un elogio a Esmeraldas, pero contiene el mismo subtexto de resistencia que "Carta a mi padre". La voz lírica determina el origen de Esmeraldas entre dos ríos que inspiran su "romántico canto fluvial" (2012, 99). Pero lo que sigue es una deconstrucción de esta imagen tan ideal.

> Paraíso natural
> corazón generoso de Esmeraldas
> dime si no es cierto
> que la lombriz
> por bondadosa se quedó sin huesos
> y nos quedamos
> como mico en pampa (González Tenorio, 2012, 99–100).

La voz lírica hace la analogía entre la lombriz y el mico para simbolizar la situación baja del negro. "Mico", en este caso, quiere decir más que "mono". Es análogo a "negro". El poema sigue con el mismo tono.

Como el camello, "rumiando sus recuerdos", el negro también "miraba su pasado" y vio un legado de discriminación y racismo con "Explotación" / "Salario de hambre" / "bubas y parásitos" / "por todas partes / invadieron a mi pueblo" (2012, 101). Cada esfuerzo por cambiar el sistema genera las mismas reacciones: "Anarquistas y subversivos", "nadie cambia las reglas del juego" (2012, 101). Luego, la voz lírica regresa a la imagen de la lombriz, para terminar el poema, pero añade un verso: "Lagarto que traga no vomita" (2012, 102). Es decir, algo que ha sido robado no se devuelve. La lombriz, sin huesos, es como el negro sin la capacidad de efectuar cambios para mejorar su situación. Los recuerdos son negativos y la incapacidad de "vomitar" no presagia un mejor futuro. Estos dos poemas sugieren que el único método de cambio de un sistema represivo es una revolución.

En el libro *Las huellas digitales de mi pueblo* hay varios poemas dedicados al amor y los recuerdos. En la sección "A todo lo que más he querido", el poema "Soledad y un ayer, el ayer y sus recuerdos" es el ejemplo de un pasado que ya no existe. La voz lírica expresa la alienación de su amante y la soledad que acompaña sus recuerdos. Es como si el pasado estuviera presente en un ambiente de pérdida y amargura, mientras busca el motivo y la verdad de la separación. Reflexiona:

> Tal vez fui yo;
> o quizás aquella
> que maduró las uvas
> a golpe de caricias
> y vomitó embriagada
> de amor y ternura (González Tenorio, 2012, 46–47).

Creo que este grupo de imágenes, estructurado así, refiere al fluir del tiempo y a su impacto sobre la relación. Este "vomitó embriagada / de amor y ternura" quizá señala la violencia y el acto repentino de la separación. La voz lírica también considera la dimensión social en los versos que terminan con sentimientos de auto piedad. Expresa que su situación de proletario quizá influyó en la decisión de ella de dejarlo plantado. Esta soledad y los recuerdos del ayer son constantes en su memoria y su destino.

"Y un adiós de perpetuos recuerdos" es una selección del mismo tema de añoranza y anhelo. Empieza y termina con los mismos sentimientos: "Todo ha terminado" (2012, 49). . ."Y este dolido adiós. . .que nos espera" (2012, 51). Entre estos dos polos articula la voz lírica una experiencia de culpabilidad y de fracaso. Ya no puede sentir "el dulce de los dioses al nombrarte / al calor de los besos palpitantes" (2012, 49). Echa de menos la dimensión física y la emoción de la relación que lo ha dejado enajenado. Es una alienación profunda: de sí mismo, de ella y de la sociedad, que lo lleva a identificarse con los ciclos de la naturaleza: "el marzo triste", el mes de su separación y del principio del dolor. Anáfora con "que" elabora la situación de la voz lírica: "Qué terca necedad / latidos insistentes / soledad sembrada / casa sin luz / corazón sin vida / mundo de sombra el que me habla" (2012, 50). Parece que es una despedida del mundo.

Estos sentimientos reaparecen en el poema "Ayer", que es un motivo constante que sugiere lo que ha pasado. Otra vez está lamentando la pérdida del amor de una mujer. "Ayer", metafóricamente, "es el viejo pensador del tiempo" (2012, 56). Del recuerdo:

> Allí asomas tú,
> mujer de azucarada ternura,
> gorjeante paloma de arrullo enamorado
> diáfano cristal de limpieza inmaculada (González Tenorio, 2012, 56).

Esta imagen celestial de la mujer es fugaz y ha dejado un mundo de fantasía en el que vive la voz lírica. Intenta utilizar la idea del amor para remediar las injusticias sociales después de volver al mundo real. Es decir, va a buscar la inspiración de hoy en la relación amorosa, con la imagen idealizada de una mujer/ amante de ayer.

Es posible que la mujer en cuestión aparezca en el poema "Morena", en el cual admira una mujer a la distancia. La actitud es "y estoy junto a ti todos los días / no puedo morder tu boca" (2012, 58). Sin embargo, conserva una imagen ideal de la mujer: "Morena color de uva / de risa limpia, morena / siento que en tu andar escucho / las teclas de una marimba" (2012, 58). Su presencia y su caminar son encantadores, pero irónicamente intocables. En estos poemas, en los que interpreta aspectos de las relaciones amorosas e íntimas, hay una frustración evidente. Los recuerdos son los instrumentos para expresar añoranza y anhelo, esperanzas, pero no realidades.

"Una canción de María" reitera y resume todas las preocupaciones señaladas. Es una canción "desesperada", cantada por una voz angustiada y emocionada que espera a alguien o algo que no va a aparecer. El poema termina de esta manera: "yo te esperaba sentado con mis penas / imaginándote así como tú eres" (2012, 60). María es otra fantasía que reside en la imaginación de la voz lírica. Intenta fundir el mundo fantástico con la realidad. Pero su modelo femenino ideal no cabe dentro de su concepción; queda una esperanza en el mundo del ayer.

Jacinto González Tenorio, al igual que las poetas afroecuatorianas Sonia Viveros Padilla y Ximena Chalá Angulo, también expresa varios sentimientos tocantes al amor perdido, o casi olvidado, del pasado. Estos poemas de amor de los poetas tratan de amores no correspondidos, en su mayoría. En contraste con las poetas cimarronas que interpretan situaciones parecidas, de intimidad, los sentimientos de Cuero Caicedo y González Tenorio no parecen tan hondos como ellas. Su expresión es más abierta en cuanto a las discusiones sobre el cuerpo y el sexo.

Dos de las cuatro secciones de *Las huellas digitales de mi pueblo*, "A todo lo que más he querido" y "Camino hacia la luz con la sangre armada" están dedicadas a las relaciones íntimas. Parece que el poeta busca una armonía entre sus magníficas descripciones de Esmeraldas y su cultura y su propio sentido del ser. La voz lírica lamenta, parece, no solamente la pérdida de varias amantes, sino también de las tradiciones. Empezando con la definición de sí mismo como poeta "no negrista", González Tenorio basa su poesía en unas realidades vividas o imaginadas de Esmeraldas, con la figura del padre en el centro.

Los dos poetas en este capítulo expresan su reverencia por la provincia de Esmeraldas y, a la vez, reconocen que hay una necesidad de cambios sociales, económicos y culturales, si desean mantener algo de la unicidad de la región. Cuero Caicedo y González Tenorio se dirigen al pasado para adquirir más fuerza para el futuro.

Es evidente que Orlando Tenorio Cuero y Jacinto González Tenorio, como poetas, tienen mucho en común. Los dos ponen en primer plano las relaciones entre seres humanos y la naturaleza, la cultura afroecuatoriana y la necesidad de cambios sociales y justicia para el pueblo. Hay una dimensión poscolonial en su resistencia a la invisibilidad y el reconocimiento del impacto perdurable de la esclavitud sobre el afroecuador. También se dan cuenta de la coexistencia entre la gente y el medio ambiente y los efectos adversos que está sufriendo. Como intérpretes de la experiencia humana, no están limitados a lo negro, sino que abarcan aspectos generales de la humanidad.

Obras citadas

Entrevista a Walter Jalisco González Tenorio, (2014). "Jalisco González", en Revista Cultural *Tierra Verde*, núm. 12, 2014, p. 23.

González Tenorio, W. (J.). (2017). *Las huellas digitales de mi pueblo*. Horacio Drouet Calderón.

Martínez Godoy, J. (2009). "El encanto de la poesía de Jalisco González", en *Tierra verde*, núm. 7, p. 52.

Tenorio Cuero, O. (s/f). "Refinería", en *Abacus, Literatura afroecuatoriana y ecología*, http//abascus.bates.edu/~bFramoli/página/ecuador/recursos/tenorio.

Tenorio Cuero, O. (1982). *Epístolas para el hombre y el mar*. 2da ed. aumentada, Gregorio.

___. (2003). *Otra vez ella, el mar y los recuerdos*. Letramía.

IV

IRMA BAUTISTA NAZARENO

ENTRE POEMAS Y CUENTOS (2005)

"Sueño con el día en que ya no tengamos que hablar de discriminación".

Irma Bautista

Poemas

Además de *Entre poemas y cuentos ("con sentimiento negro")* (2005), Irma Bautista Nazareno ha publicado poemas en las antologías *Voces de las cimarronas* (2008) y *Alma ancestral* (2018). Los textos de estas publicaciones no están incluidos en *Entre poemas y cuentos*, aunque este libro no tenga fecha de publicación. Bautista Nazareno es una de las fundadoras de la Coordinadora Nacional de Organizaciones de Mujeres Negras (CONAMUNE).

Su temática es constante en las tres obras. En la introducción de *Entre poemas y cuentos* la autora proclama sus motivaciones:

> Al escribir este libro mi principal pensamiento es la búsqueda de elevar nuestra autoestima que se vio forzada a reducirse por la historia mal contada, la continua

exclusión madre del racismo y la discriminación a la que se ha visto sometido mi pueblo [. . .] (Bautista Nazareno, 2005, 3).

A continuación, elabora:

Escribo para mi pueblo y para el mundo, es un gritar al que me inducen mis ancestros, con una voz que no se apaga con el tiempo, es una posta de los cimarrones que de su rebeldía nutrieron a un pueblo valeroso, que en su paso por el mundo fueron forzados a construir riqueza material para los blancos, mientras impregnaban su fuerza vital, su alegría y capacidad de amar en cada chininin de piel que nos cobija (Bautista Nazareno, 2005, 4).

Este trabajo es una reivindicación del pueblo negro a través de las obras literarias que enfatizan el impacto de las experiencias del pasado en el presente. Es un discurso poscolonial de empoderamiento de la gente de Esmeraldas. La autora escribe desde una perspectiva cimarrona feminista, para llamar la atención sobre la situación de su gente y empoderar a las mujeres negras.

En una reciente fotoentrevista con la Fundación ALDEA, Bautista Nazareno expresa sus sentimientos sobre problemas endémicos de la sociedad: "Las mujeres negras necesitábamos un espacio en el cual abordar los problemas que nos afectan profundamente: la violencia de género, la violencia social, la discriminación, el racismo, la hipersexualización de nuestros cuerpos, entre otros" (en la web de ALDEA, fundaciónaldea.org/noticias-aldea/irmabautista, 2 de junio de 2021). La situación de las mujeres afroecuatorianas es una de las preocupaciones temáticas centrales en *Entre poemas y cuentos*.

Este texto, al igual que los de las mujeres y los hombres, es una afirmación de la cultura afroecuatoriana. El punto de partida de la autora es Esmeraldas, donde empieza un viaje por las experiencias compartidas de un pueblo en busca de justicia y el reconocimiento de su importancia en la nación. *Entre poemas y cuentos*, como indica el título, es una combinación de prosa y poesía vinculada temáticamente.

Un tema predominante de Bautista Nazareno es la identidad étnica y personal. Por ejemplo, los poemas que siguen esta tendencia son "Herencia africana", "Nosotros los afrodescendientes" y "Pueblo negro", que representan la primera iteración. "Buena presencia", "Alma negra" y "Me negué a blanquéame mamá" son ejemplos de afirmación de la identidad personal.

La introducción a la obra contiene dos textos: "A mi pueblo: afrodescendiente" y "Negro", que son preámbulos a la obra que afirman valores positivos del grupo étnico. El primero está en prosa (". . .cogidos de las manos y con inteligencia pródiga, somos los grandes sobrevivientes del milenio" (2005, 1), y el segundo en verso:

Negro que de negro vienes
con valentía y fortaleza,
Lleno de ritmo y donaire
Con espíritu y grandeza.
Eres grande en lo pequeño
Y a lo pequeño engrandeces
Eres poder cuando quieres
y el futuro lo posees (Bautista Nazareno, 2005, 10).

Exaltando las características del negro, los dos textos reconocen las dificultades que los negros han tenido, y todavía tienen, para avanzar socialmente y, a la vez, perciben la fuerza interna que poseen; sus valores culturales quedan intactos frente a los desafíos. "A mi pueblo afrodescendiente" y "Negro" tienen una orientación hacia el futuro.

De los poemas de la identidad africana, "Herencia africana" incorpora las experiencias de la trata humana, la Travesía y las realidades en el continente americano. La voz lírica cuenta en primera y tercera persona aspectos de este legado cultural. Para la voz poética, esta herencia africana es la esencia del descender de una historia traumática y del sentido de triunfo de las siguientes generaciones. El poema empieza con una identificación con el pasado:

Yo ¡Siento profundamente, el dolor de mis ancestros!
Que lucharon incansables para romper las cadenas.
Siento el peso de este suelo y el costo que ellos pagaron.
Siento su sangre corriendo por mis venas a raudales (Bautista Nazareno, 2005, 16).

Hay una identificación íntima con las luchas de los ancestros: el sufrimiento, la resistencia, lo que perdieron; todo integra el sentido de ser de la voz lírica, que percibe que hay una gran deuda pendiente por los sacrificios de los antepasados. Su herencia es tanto material como espiritual.

El apóstrofe es un recurso efectivo en el poema que elabora las contribuciones de los africanos y les dice que sigan adelante. Comienza la letanía con "Oigo, su voz en mi mente diciendo que no cedamos" (2005, 16). Todo lo que tienen y merecen los descendientes viene del sudor, las lágrimas, la sangre y otros sacrificios de los ancestros.

El conocimiento del pasado ancestral ha forjado una unidad colectiva entre la gente negra y su sentido de identidad. Ya no se habla de "yo", sino de "nosotros", como se revela en el poema: "Nosotros los afrodescendientes". Cuando dice: "El yo, debe estar ausente / cuando hablemos de mi pueblo" (2005, 22). "Nosotros" conecta la totalidad de la experiencia afroecuatoriana con el pasado, presente y futuro, creando un sentido colectivo de identidad. Sigue la voz lírica:

> Nosotros fuimos heridos
> cuando hirieron a mi abuelo,
> nosotros fuimos vejados
> cuando amarraron mi pueblo,
> nosotros somos los negros
> cuando mencionan a un negro.
> Nosotros somos "los malos"
> cuando un negro se equivoca (Bautista Nazareno, 2005, 22).

El poema "Nosotros" se compone de cuatro estrofas de versos octosilábicos, con la figura retórica anáfora, que enlazan las virtudes de solidaridad y unidad entre los afroecuatorianos y las poblaciones negras de la diáspora en general. Ellos, que fueron heridos y amarrados, simbolizaron físicamente en el pasado lo que ocurre psicológica y espiritualmente en el presente. "Negro" es equivalente a "malo", una marca social originada en la esclavitud, que todavía continua. La unión es necesaria para combatir estos estereotipos y "sembrar el futuro de la próxima generación". Hay posibilidad de un futuro, porque han resistido las atrocidades del pasado.

"Pueblo negro", el poema, es un llamado a la acción para buscar redención y expresar orgullo de ser negro. Un apóstrofe fuerte empieza y termina el poema: "Tú, ¡no puedes suplicar más de rodillas! / Tú, no debes implorar llorando / Lo que a pulso de trabajo te has ganado" (2005, 23). Las palabras de la primera estrofa reflejan actitudes que se extienden a lo largo de todo el poema. La voz lírica documenta una historia de experiencias negativas yuxtapuestas, con declaraciones positivas para inspirar al pueblo negro. Es una dialéctica social al fondo de las experiencias afroecuatorianas.

Hay que seguir adelante, "agarrados de las manos", para construir una nueva realidad social. La visión en "Pueblo negro" es positiva, basada en la historia: "Que lo que se siembra se cosecha / ¡Entonces Pueblo negro!, tú has sembrado" (2005, 23). Ya es hora de recibir compensación por los sacrificios cuando:

tus mujeres a más de callos en las manos
amamantaron a los niños desnutridos,
parieron mulatos sembrados a la fuerza
y cuidaron a ancianos ajenos desvalidos (Bautista Nazareno, 2005, 23).

Aquí la voz lírica se da cuenta de la explotación de la mujer negra en sus tareas domésticas. Dieron leche a los niños blancos cuando sus madres no podían o los rechazaban, fueron violadas por los hombres blancos y parieron mulatos, pero la humanidad de la mujer negra le permitió cuidar a los desdichados. La última exhortación de la voz lírica para animar al pueblo negro es "¡basta! ¡Ya! de quejarte amedrentado". "Sembrar" es una metáfora central en este poema y en otras obras de la autora, pero sugiere que es hora de "cosechar" los resultados de sus sacrificios.

"Buena presencia" también es un poema que se trata de la resistencia del pueblo negro a la explotación y la negación de su papel histórico. No han tenido éxito en negarles su identidad étnica y religiosa, a pesar de venderlos, cercenar a sus hijos y cambiar sus nombres. El espíritu del negro es indomable a causa de su cultura ancestral con hondas raíces y la capacidad de sobrevivir. Utilizando la misma metáfora de "sembrar," la voz poética afirma:

Tiene semillas que siembra por siglos con muchas ganas
Frutos que han dado riquezas, y un alma llena de amor (Bautista Nazareno, 2005, 26).

Los castigos y abusos físicos no han podido borrar la memoria ancestral ni la afirmación de su identidad como seres humanos. Estas características de resistencia y conservación fueron sembradas por los ancestros durante sus años de maltrato mientras pensaban en un mejor día.

Una preocupación por la identidad individual se revela también en poemas como "Alma negra" y "Me negué a blanquéame mamá". El primer verso del poema inicial es "Me dijeron alma negra y yo respondí llorando" (2005, 39). El tono del poema se establece aquí donde la voz lírica empieza una trayectoria que va desde la negación a la afirmación de su identidad negra. El impacto negativo se siente más fuerte en la niñez y en la adolescencia, períodos durante los cuales se busca el motivo de la realidad física negativa, que se asocia con el padre. El estigma de ser "fea" la sigue durante gran parte de su vida, a pesar de tener varias características positivas. El "pelo enchurruscao", "el labio engruesao" y "la nariz achatada" tienen valor negativo en un mundo blanco. Es la carga de ser negra que cambia más tarde al afirmar su autoestima.

Tiene orgullo en su "sapiencia", pero la voz lírica se da cuenta de que no puede superar la apariencia física.

Lo blanco simboliza el poder, mientras lo negro significa inferioridad intelectual. Por esa razón es necesario un cambio de piel para ser igual. Un estereotipo común es el dicho "A pesar de ser negrita ¡Eres tan inteligente!". Pero esta huida hacia la blancura es una negación de las raíces y la identidad negra, y provoca un impacto psicológico que aliena al individuo. ¿Por qué no eliminar "a pesar de"?

Sin embargo, más vale tarde que nunca, la voz lírica tiene un despertar y reafirma su identidad negra. Esto implica aceptar su pueblo, sus valores y su color, y darse cuenta de que "Ser, Negro tiene un valor" y "Que mi alma para ser buena, no tiene por qué ser blanca" (2005, 40). Es decir, los valores internos valen más que el color de la piel. Después de un proceso difícil, se define como negra en el contexto étnico, familiar e individual. Pero no es fácil en una sociedad descrita como una pigmentocracia.

En "Me negué a blanquéame mamá" también se discute la imposición de una identidad por la sociedad, en contraste con la autoestima individual. Utiliza la figura retórica apóstrofe para cuestionar la actitud negativa de la mamá hacia el color negro de la piel. La idea de una pigmentocracia está instalada en la mentalidad familiar. Evidentemente, un "mulatito" vale más que un "negrito". Pero la voz lírica resiste a la idea de blanquearse, en contra de los deseos de la familia. Hay una idea implícita en la creencia de la superioridad blanca en una sociedad que no pone mucho énfasis positivo en lo negro. Es lógico aspirar a ser menos negro.

La discriminación ocurre en la misma familia, en este poema. "Cuando el marido blanquito la quiera humillar más / solo tiene que decirle negra e mierda ven acá" (2005, 49). Así destruye la autoestima de su pareja en base a su color. La voz lírica trata de hacerle sentir a su mamá más cómoda con su "pelo ensortijao" y su piel "de un ébano bien lijao". Decide definirse a sí misma y no buscar la aceptación desde afuera. Afirma: "Me siento una negra, Negra con toas sus fortalezas / con toa una vida llena de plenitud y real grandeza" (2005, 49).

Afirmar la identidad étnica es un componente esencial de la poesía de Irma Bautista Nazareno. Su actitud está basada en un conocimiento profundo de la experiencia negra en Ecuador y en las Américas. En la introducción a *Entre poemas y cuentos* escribió su propósito, que es "elevar nuestra autoestima". Negar el blanqueamiento es un primer paso.

La poeta se basa en y se identifica con su provincia y afroecuador, tal como se revela en los poemas "A Esmeraldas", "Súa", "Valle del Chota" y "Pa mi marimba baila", que siguen el mismo modelo de otros poemas que interpretan la presencia física y espiritual de la provincia. "A Esmeraldas" rinde homenaje a la naturaleza: "sol, ríos y palmeras, el mar". La realidad física está acompañada por una dimensión cultural/intelectual. Esmeraldas es también "Tierra prodiga de sabios y poetas" y "de la marimba y de la caña". Este poema intenta captar la esencia física y humana de la provincia desde una perspectiva ecocrítica.

"Sua" destaca una región específica de Esmeraldas. Es un "Pedacito que escapó del paraíso / para adorar a la siempre verde reina" (2005, 67). La voz lírica comenta los tesoros físicos de Sua: gaviotas, palmeras, conchitas de nácar. Sua tiene una presencia casi divina en armonía con el Universo, rodeada de un mar cuya presencia "Te arrulla con su canto reverente" (2005, 67).

"Pa mi marimba baila" exalta aspectos de la importancia de este instrumento para la cultura afroecuatoriana. La marimba es un "Instrumento que sagrado / Nos regalaron los Dioses" (2005, 70). Tiene un papel profano y religioso. Su impacto sobre la voz poética es tangible, y al bailar no hay una explicación lógica de los movimientos de su cuerpo. El sonido y el ritmo de la marimba no solamente estimulan a los seres humanos, sino también a la naturaleza. En el acto de bailar, la voz lírica percibe una conexión simbiótica con otros aspectos del universo: la selva, las flores, el guayacán, la balsa y los pájaros. Pero la relación más profunda que establece es llamar a sus ancestros y a los dioses africanos:

> Que me vengan a ayudá
> trayéndome a Ochún
> Obátálá y Yemanyá.
> Vengan todos mis hermanos
> pá. . .Mi marimba a bailá (Bautista Nazareno, 2005, 71).

La voz poética es un vehículo por el cual podemos ver el impacto profundo y duradero de este instrumento musical y expresión cultural de la realidad ancestral de afroecuador. La marimba, según la voz lírica, es de origen sagrado y todo el baile es una manera de adorar a los dioses africanos. En este rito no todo es son y ritmo.

"Valle del Chota" es un poema que exalta la cuna de gran parte de la cultura afroecuatoriana. En contraste con los negros de Esmeraldas, los del Valle de Chota llegaron con los jesuitas españoles como esclavos en sus plantaciones de azúcar, también en el siglo XVI. Está descrita de la siguiente manera:

> Rincón del África implantado aquí en los Andes.
> Pueblo hermoso y solidario, que en la mañana engalana
> Sus paisajes, con esplendor de su hechizado río
> Y en las tardes risueño te recoges con tus mujeres niños y

gigantes que de ébano esculpidos
al son de bomba sus cuerpos despiertan
De esa dura lucha de un día en sembrío (Bautista Nazareno, 2005, 43).

La población todavía es de origen africano, en su mayoría, y mantiene muchas tradiciones como expresiones del cimarronaje cultural, que incluyen bailes, tambores y sembríos. La bomba (tambor) en el Valle del Chota tiene el mismo simbolismo religioso/profano que la marimba en Esmeraldas. Es un lugar de "geografía negra" con una relación simbiótica entre la gente y el paisaje, un "valle que sagrado hechizaron los dioses / dejándote un río que riegue tu frente / y lomas peladas del África amada / con valles muy verdes de alegres tonadas" (2005, 43). Como en los poemas "A Esmeraldas" y "Sua", este poema "Valle del Chota" demuestra el respeto hacia la naturaleza por parte del pueblo y su capacidad de sobrevivir y construir una nueva realidad basada en su herencia africana y en el nuevo desafío sociohistórico.

El libro *Entre poemas y cuentos* incluye varios poemas dedicados al amor y a la amistad. "El beso (a mi madre María Victoria Nazareno)" capta la profundidad del amor entre madre e hija. No es solamente un acto físico, sino también cultural y espiritual que vino de "una boca sabia / Llena de paz y dulzura" (2005, 77). La importancia simbólica de "El beso" está revelada:

En aquel beso, ya de por sí bendecido
beso, sublime y sagrado
Trasmisor de amor de siglos
Beso de mi madre amada (Bautista Nazareno, 2005, 77).

Interpreta este beso, "trasmisor de amor de siglos", no como algo ligero, sino como una manera de vincular el acto con sentimientos ancestrales que han existido a través del tiempo y el espacio.

"A los niños" expresa algunas de las mismas actitudes hacia la importancia del amor en la juventud. La voz lírica habla de la importancia de mantener su inocencia y los momentos claves de la niñez, porque, una vez finalizada, es una etapa que no se puede revivir. El mensaje de la voz lírica es "no ves que un ser adulto ya es esclavo" (2005, 89). Es un ser definido por la cultura, las tradiciones, la sociedad. Los niños no tienen las mismas exigencias que los adultos. Solo piden "Los tiernos cantos rodeados de caricias" (2005, 79).

La amistad es el tema de "Amiga", "Para Graciela" y "¿Qué es un amigo?". Los tres intentan caracterizar algunas de las relaciones amistosas entre mujeres y hombres. "Para Graciela" es el más representativo de los tres para contar las relaciones interdependientes entre las personas. Explica que "La gracia de tu nombre te acompaña / Eres en mi amistad más grande joya" (2005, 83).

Ha convertido el nombre "Graciela" en un arquetipo de lo positivo entre amigos. "Afecto", "ternura", "sentir" y "gracia" son los elementos que pueden asegurar una relación profunda y duradera.

El amor entre un hombre y una mujer es el tema de "Anhelos", "El amigo que amé", "Lo quiero todo contigo", "Poema de Amor", "Nostalgia", "Escuché tus lamentos" y otros poemas. Las dos tendencias de estas obras son las siguientes: cuando hay y cuando no hay compatibilidad. La expresión "Lo quiero todo contigo" domina el poema de este título y muestra una obsesión de la voz lírica hacia el objeto de sus palabras. El deseo es tanto físico como psicológico. Está gozando del acto sexual, de los espasmos y del clímax. La anáfora con "quiero" enfatiza sus sentimientos. Está buscando un amor incondicional y exige lo mismo de su pareja. Esta relación no se limita al presente, sino que está proyectada hacia el futuro también porque la voz poética no quiere un poquito, sino todo.

Pero el amor también puede ser una idea, un concepto abstracto, un deseo. En "El amigo que amé" la voz lírica afirma: "Que estoy viva y amando, aunque tú estés tan lejos / y solo aquí en mi mente te pueda acariciar" (2005, 92). Este poema establece un motivo que vemos en la mayoría de las producciones que expresan sentimientos amorosos: el anhelo. Muchas de las relaciones vienen de la imaginación de la voz lírica: "Luego, cuando recuerdo, / ¡Que nunca te he tenido!" (2005, 92).

Se da cuenta de que este amor es más imaginativo que real, una proyección mental de un deseo basado en una relación pasada. Pero "El amigo que amé" demuestra la fuerza de la relación, verdadera o imaginada, en el mundo de la voz lírica. Este amigo es una idea que permanece a pesar de la distancia física y psicológica. El anhelo es un sentimiento y una realidad que ocurre en la mayoría de los poemas de amor de esta autora.

"Anhelos", por ejemplo, proyecta este sentimiento de añoranza. Es un breve poema de dos estrofas, pero con mucho sentimiento, que va de la fantasía a la realidad. La voz lírica revela los resultados de su "anhelo" al decir:

> Verte vibrar junto a mi colmado de sentimientos,
> Sentirme parte de ti respirando de tu aliento,
> Fundiendo tu cuerpo al mío en sinfonía de ternura,
> Trayendo a la tierra el cielo, para saciar mis anhelos,
> De sentirte junto a mí como la hiedra al madero,
> Que tu corazón galope, junto al mío por un tiempo
> Robándole mil segundos, de placer al infinito (Bautista Nazareno, 2005, 90).

La voz lírica ha evocado un encuentro sensual/sexual del pasado que estimula los sentidos corporales: el olor, el sabor, el sonido, la imagen. La palabra "invadido" sugiere una penetración que inicia el deseo físico, con la boca que pide y el cuerpo que sueña con el contacto entre los dos. La palabra "sueña" sugiere que la situación puede ser más una fantasía que una realidad. Sin embargo, la voz lírica está en éxtasis: "Trayendo a la tierra el cielo, para saciar mis anhelos" (2005, 90). En fin, este encuentro sexual sirve para satisfacer sus deseos físicos y mentales. El anhelo es una realidad que se repite en varios de los poemas de amor, cuando haya un amante ausente. En "Nostalgia", por ejemplo, está tratando de revivir también un momento íntimo del pasado que ya no va a volver a su "anhelante cuerpo".

Pero es "Poema de amor" el que mejor expresa los sentimientos de anhelo y añoranza. Intenta conectar el presente con el pasado por medio de los recuerdos:

Mi recordado amor, mi bien amado,
Siento que solo tú serás mi dueño,
Vivo las realidades mientras sueño
Que nuestro amor jamás será olvidado (Bautista Nazareno, 2005, 95).

Para la voz lírica, el amor es un sueño. Hay un tono de pérdida y anhelo sumiso en todos estos poemas de amor. Pero, colectivamente, el objetivo es "Para morir de amor entre tus brazos" (2005, 95). "Déjame soñar", "Negrito del alma mía" y "Escuché tus lamentos" son otros poemas que expresan los mismos sentimientos.

Hay varios poemas que presentan una actitud ecocrítica en las relaciones entre los seres humanos y la naturaleza; estos son "Anochecer", "La Brisa", "El mar enamorado" y "El Chango". El Chango, por ser ave negra, a veces está relacionado con aspectos negativos de los seres humanos, a modo de un insulto. Pero la voz lírica pone énfasis en los aspectos positivos del ave:

El chango es ave hermosa que en su trino
Da cuenta de un saber cantar divino.
Es ave que no acepta cautiverio
Vuela y da saltos con tan alegre encanto
Proclamándose más libre de la tierra
Al momento que prisión percibe (Bautista Nazareno, 2005, 74).

La voz lírica reconoce, al hacer esta analogía entre el color negro y el chango como insulto, que la gente no se da cuenta del verdadero significado de esta ave. Claro, es negro su exterior, y esta negrura amplifica sus cualidades positivas como su "trino" y su "cantar divino". Pero más importante es la tendencia del ave a quedar libre, un motivo principal en el mundo negro. Puede ser un símbolo, más bien una metáfora del pueblo, de no aceptar ni cautiverio ni prisión. Mientras al principio del poema están denigrando al chango y a su color negro, al final encarna una lección social importante: no juzgar un libro por su portada.

En "Anochecer" humaniza la caída del sol en forma de un juego romántico:

En ese juguetear, a la escondida vino una nube
Pudorosa, suave y abriendo con amor su manto,
Cubrió al sol para que duerma tras la cima,
Dando paso a la noche con su bruma
y en un instante apareció la luna,
Que en actitud de doncella, pura y bella
Se hacía acompañar de las estrellas (Bautista Nazareno, 2005, 68).

La voz poética trata esta interacción entre elementos del universo de manera ligera, como si fuera entre seres humanos. Las nubes, el sol, la luna y las estrellas funcionan en armonía para mantener intacto el mundo en la transición del día a la noche; es una magnifica descripción antropomórfica de la coordinación celestial al caer la tarde, y de la continuación de los ciclos de la naturaleza.

En "El mar enamorado" el mar está descrito en términos de un amante. La relación entre el mar, la playa y la arena es un acto simbólicamente sexual. Se acerca el agua a la playa con deseo masculino y después del acto tierno, se retira y vuelve para empezar el ciclo de nuevo. En fin, el mar es un amante "sincero, tierno, y verdadero" y uno de los elementos naturales en el mundo poético romántico de la voz lírica. Es a la vez la fuente de la vida universal.

En *Entre poemas y cuentos* hay textos dedicados a Jesús Chucho García, el activista afrovenezolano, y a iconos afroecuatorianos como Papa Roncón ("un negro muy talentoso / Aprendió a tocar marimba / y en la décima es grandioso" (2005, 72) y Martina Carrillo, "Negra de estirpe, cimarrona nata" (2005, 46). Martina fue una esclava que visitó al presidente de la República en el siglo xviii para protestar por el trato y las condiciones de los esclavos. Es una heroína en la lucha por la liberación negra en Ecuador.

"La mariposa negra" es un poema que utiliza la mariposa como una metáfora de afirmación de la cultura negra. Se trata del momento en el que las mariposas tienen la oportunidad de elegir sus colores. Cuando la voz lírica eligió el negro, la mariposa rosada respondió: "ese color que elegiste te va a ser sufrida y triste. / No ves que es el de lo malo, no ves que es el de la muerte" (2005, 18).

La rosada presenta varios estereotipos negativos asociados con el color negro, que simboliza el sufrimiento, la tristeza, el mal y la muerte, mientras que afirma los valores positivos del color blanco. A pesar de esa actitud, la mariposa se decidió por el color negro porque "Sentí que tenía más gusto si era el color de la muerte. . . Porque la muerte da vida. . .y la vida! Da sus frutos" (2005, 19). También el negro es "fortaleza", "protección" y "belleza", según la mariposa, al enfatizar algunas características positivas del color.

Después de varias experiencias relacionadas al color en el mundo, llega la mariposa negra a la conclusión de que ". . .el Rosado y el Negro son de la misma camada" (2005, 20). Es decir, en términos humanos hay solamente una "raza". La Mariposa Negra encuentra su inspiración en la abuela y en la misma tierra: "Que entre más obscura es, su riqueza es garantía" (2005, 20). La "Mariposa Negra" es Irma Bautista, que escoge la metáfora de la mariposa al confirmar sus creencias sobre el color de la humanidad. También la voz lírica utiliza elementos de la naturaleza, la mariposa y la tierra, para reforzar su actitud hacia la identidad negra, que es el tema predominante de *Entre poemas y cuentos.* Es un mensaje que ocurre literal o metafóricamente, en estas interpretaciones de las realidades culturales de las afroecuatorianas.

Cuentos

En los cuentos de Irma Bautista hay un énfasis en el impacto que la cultura ancestral tiene en la vida cotidiana del pueblo, como se revela en "El encocao de Minchilla", que tiene que ver con la comida. Los siguientes textos, "La tía Pastorita", "Entre la Tunda, el Duende, el Riviel y otros Bufeos" y "Mi Ricacha", siguen las mismas tendencias. Colectivamente, son interpretaciones culturalistas de la realidad afroecuatoriana desde una perspectiva poscolonial. Los cuentos están colocados entre los poemas. "El encocao de Minchilla", subtitulado "Descripción etno-histórica de un plato típico afro-esmeralde ño", es un cuento que combina aspectos de la diáspora africana con la cultura local. El cuento, narrado por un yo testigo / protagonista, comienza con el cruce forzado del Atlántico y la confrontación de los africanos con la nueva realidad de un mundo distinto. El impacto de convertir a los prisioneros en esclavos es profundo: "[. . .] los dominadores se dedicaban a desleírlos, poco a poco los cambiaron, les quitaron su lengua y lo más duro les quitaron sus dioses, les impusieron otros, con unos valores que les servían en todo momento a ellos" (2005, 12).

La narrativa cuenta el proceso de desculturación que sufrieron los africanos a manos de sus "amos", quienes intentaron crear un ser humano sumiso y fácil de controlar. Así, una parte de la población negra perdió su identidad bajo este sistema, pero hubo muchas excepciones, especialmente entre "[. . .] los que se habían ubicado en las montañas, en las riveras de los ríos, especialmente las generaciones de los que habían logrado escapar antes de olvidar quiénes eran" (2005, 12). Fueron ellos, con sus conocimientos ancestrales, quienes empezaron el proceso de cimarronaje cultural. Predominan la música, "la marimba, "el canto de arrullos", "la bomba afro-andina" y la alimentación.

El enfoque del cuento cambia a "Doña María cuyos ancestros le había transmitido el gusto por el arte culinario [. . .]" (2005, 13). Un día, ella se encuentra con la Tunda mientras está buscando plátanos en la montaña. Disfrazada como la madre de la joven María, la Tunda la secuestra por nueve días. Durante ese tiempo, María observa cómo la Tunda prepara los camarones "gruesos y negruzcos", llamados "minchillas", que pasaron por el trasero de la Tunda. Pero María, al ser reunida con su familia, prepara su propia receta con leche de coco, camarones y otros ingredientes que dan como resultado el encocao, plato típico afroecuatoriano, gracias al conocimiento culinario ancestral de María y la figura mítica de la Tunda.

La tía Pastorita

"La tía Pastorita" es un cuento que examina los conflictos generacionales entre la tradición y la modernidad. Pastorita es una mujer que "se sentía feliz de haber nacido y crecido en ese lugar paradisíaco, donde todo estaba a la mano" (2005, 27): pescado, carne, sembríos. En fin, era una mujer "hermosa y feliz".

Pero sus hijos migran a la ciudad e insisten en que la tía Pastorita abandone su vida en el campo, "cultivando la tierra, respirando aire puro a todo pulmón [. . .] disfrutando de la naturaleza y sus bienes" (2005, 28). Los tres hijos, Petronila, Genaro y Facundo convencen a la madre de que, materialmente, la vida urbana es mejor para ella. Pero la tía añora su ambiente campestre y vuelve allí a través de sus recuerdos. No le gusta la comida llena de químicos, símbolo del engaño de una vida mejor; tampoco una casa nueva cambia su percepción.

En la ciudad, la salud y el estado psicológico de la tía Pastorita van empeorando porque le falta la comunidad que ha abandonado y el ambiente físico. Ella también sabe que su hija, Petronila, una trabajadora doméstica, está siendo maltratada y discriminada por su empleador. Pero no puede cambiar la situación. La tía Pastorita pasa de la autosuficiencia a la dependencia. Acepta su situación porque "[. . .] era madre, y la madre se sacrifica, eso lo había aprendido de su madre, su madrina, sus tías, este era el momento de demostrar la gran madre que era" (2005, 37).

La tía Pastorita sacrifica su salud y su felicidad para satisfacer los deseos de sus hijos. Al lado de un río contaminado en su nueva casa, empezó a coser y se entretenía contándoles a sus clientes anécdotas de su tierra. Cuando no podía coser más, empezó a bordar y tejer hermosos tapetes y cojines con imágenes que reflejaban la realidad de su tierra. La conexión explícita con las raíces ancestrales en la figura de la tía es fundamental en esta narración de Irma Bautista, así como el sentido de comunidad. Este cuento describe una descendiente de la gente negra desplazada por la esclavitud y otros actos políticos, económicos y de violencia, desilusionada con la modernidad y la falta de respeto por la cultura tradicional y el medio ambiente.

"La tía Pastorita", a diferencia de los otros tres cuentos, no tiene elementos fantásticos o míticos. La vida cotidiana es su preocupación. El mensaje predominante del cuento es que el materialismo no define a la persona. Más bien, lo hace su medio ambiente, el espíritu y la fortaleza interna. En este cuento parece que el mundo moderno de "cosas" supera al mundo natural de la tía Pastorita, pero nunca vence su espíritu. De la transición del campo a la situación urbana, la tía mantiene su relación recíproca con la naturaleza, de donde saca su fortaleza y sentido de ser.

Entre la Tunda, el Duende, el Riviel y otros Bufeos

El cuento "Entre la Tunda, el Duende, el Riviel y otros Bufeos" es otro "cuento de mitologías esmeraldeños" y, al igual que "El encocao de Minchilla", tiene su base en la cultura mitológica y ancestral. Se basa en un conflicto entre cuatro hermanos que deben determinar quién será el heredero de la finca que dejaron sus padres difuntos. Para resolver el problema, decidieron "que cada uno de ellos, saliera a rodar tierra hasta encontrar una historia o leyenda realmente buena, y el que cantara la mejor historia se quedaría con la finca" (2005, 53).

Aceptan el desafío Fulgencio, Demetrio, Benito y Domitilio, y regresaron después de cuatro años. Fulgencio contó su experiencia con el Riviel; Demetrio, los milagros de los siete bufeos durante Semana Santa; y Benito, cómo venció al Duende. Los tres relatan cuentos fantásticos basados en el folclore y la mitología local. Por el contrario, Domitilio ha pasado el tiempo trabajando para acumular plata para restaurar la finca. Él tiene una historia personal, de familia, para contar: primero de cómo sus padres trabajaron para comprar y mantener esas tierras y de cómo cuando los tres menores se perdieron montaña adentro, fueron rescatados de la Tunda por el esfuerzo colectivo de la comunidad. Los otros tres no podían recordar ese importante evento de su niñez. Finalmente, al escuchar las experiencias de Domitilio, se daban cuenta de que las riquezas que andaban buscando estaban allí, en el ambiente creado por sus padres, con sus valores del trabajo y su sentido de comunidad. Domitilio fue el mejor cuentacuentos, porque su historia se basaba en la realidad cultural.

Este cuento tiene mucho en común con "La tía Pastorita", en cuanto a la articulación de los valores comunales basados en el campo y las tradiciones culturales. La familia es el centro de los actos y pensamientos de los protagonistas. Es evidente esta actitud en "El encocao de Minchilla", y también se puede extender la analogía a "Mi Ricacha".

"Entre la Tunda, el Duende, el Riviel y otros bufeos" combina aspectos de la mitología y el folclore afroecuatoriano, con referencias a las "creencias" católicas. Demetrio cuenta cómo los siete turistas son transformados en bufeos (delfines) para salvar sus vidas después de ahogarse en el río por haber desafiado la regla de no nadar durante el Viernes Santo. La Tunda, el Riviel, el Duende y los Bufeos son elementos de las tradiciones orales de la gente para dar un significado más positivo a sus vidas. En el último cuento de Demetrio hay un sincretismo mítico-religioso entre el catolicismo y las creencias populares en la transformación de los turistas durante la época de Semana Santa. Las misiones de los cuatro hermanos son un pretexto por parte del narrador para explorar cómo funcionan los mitos y el folclore en el contexto de situaciones concretas.

Mi Ricacha

"Mi Ricacha" es un cuento fantástico con base ancestral. Es la historia de un joven negro y pobre que intenta afirmar su identidad y masculinidad por medio de la magia y las creencias tradicionales. El protagonista es de una familia en la que el padre murió en un accidente y la madre lava ropa para mantener a la familia. A temprana edad, Ricacha ve los resultados de una sociedad, en su mayoría blanca, donde la discriminación y el racismo predominan.

Ricacha huye de su casa a los doce años en busca de alguna manera de efectuar cambios sociales. Fue a un lugar "[. . .] donde unos sabios habían logrado recopilar y conservar esos conocimientos que lo convertirían en un hombre con mucho poder [. . .]" (2005, 100). Misión cumplida, Ricacha regresa al barrio e informa a su pandilla de antes: "miren ahora yo ya no estoy para ocuparme de esas pequeñeces, pienso en grande y soy un vengador" (2005, 100).

Como vengador, Ricacha utiliza sus conocimientos para robar centros comerciales sin ser descubierto porque "La policía no podía comprender cómo había logrado abrir todas la seguridades y pasar la guardia [. . .]" (2005, 101). Está utilizando la destreza aprendida de los sabios para evitar la captura mientras "se había vaciado almacenes completos de los artículos más caros" para distribuirlos entre la gente más necesitada. ¿Es magia? ¿es brujería? ¿o nada más que la imaginación viva del pueblo? Robar a los ricos y dar a los pobres no es suficiente para Ricacha. Tiene una doble lucha: en contra de la invisibilización del hombre negro y a favor de una reparación a los negros, que han hecho tanto para construir la nación y han recibido tan poco como recompensa. Irónicamente, Ricacha emplea su invisibilidad simbólica para lograr objetivos concretos. Las autoridades "[. . .] no podían explicar cómo alguien o persona alguna podía penetrar tantas seguridades sin ser visto ni captado por las cámaras" (2005, 101).

Es decir, quiso ser un hombre, un hombre nada más, en su lucha contra la invisibilización, el racismo y la discriminación. Ricacha le explica a su madre los motivos de sus actos cuando ella se los cuestiona:

> Madre: Usted debe entender que lo que yo hago no es robar simplemente estoy cobrando el trabajo de mis abuelos, bisabuelos y todos los que desde siglos atrás trabajaron del día a la noche y los antepasados de los ricos de ahora nunca les pagaron, además, ¡mírese usted! ¿¡acaso no se da cuenta como la explotan cada día, mientras se acaban sus pulmones en una batea de lavar le dan unas cuantas monedas a cambio de su gran esfuerzo!? (2005, 102).

Ricacha cree que está corrigiendo injusticias históricas que empezaron durante la esclavitud y persisten hasta hoy. Es decir, los ricos no han pagado sus deudas, y Ricacha está buscando una reparación. Esta generación blanca tiene que pagar las deudas de sus antepasados en forma de reparaciones.

Como las autoridades no podían capturarlo, Ricacha decidió rendirse; pero la policía no podía creer que él, un negro, fuera el autor de los robos. El motivo de Ricacha "[. . .] era el deseo de ser reconocido y de paso humillar a sus captores y que se den cuenta de su capacidad" (2005, 104). Pero las autoridades le niegan este reconocimiento de su inteligencia y sabiduría. Frustrado, Ricacha grita: "¡mírame!: ¿es que para ti yo no valgo?, ¿acaso me estás negando el derecho y el placer de haberlos ridiculizado?" (2005, 105). ¿Es una interrogación retórica?

Ricacha escapa de la policía y decide hacer algo grande y con testigos. Deja embarazada a la hija de un político y es perseguido por las fuerzas del orden. Las balas no lo alcanzan porque ha aprendido el arte de transformarse "[. . .] en esas lejanas cuevas donde aún conservaban los conocimientos milenarios que la cultura dominante negó llamándole brujería" (2005, 107). Pero, uno de los policías tenía una abuela que sabía cuáles eran los secretos y las motivaciones de Ricacha. José Parto es el policía que debe matar a Ricacha con balas de plata y sal (receta para el Diablo) y cortarle el dedo del medio de su mano, antes de morir. Pero no pudo, porque Ricacha murió instantáneamente por la bala y le sacaron el dedo después.

El cadáver de Ricacha desapareció e, irónicamente, sus esfuerzos no habían cambiado la realidad social. Desafortunadamente, la búsqueda de visibilidad y hombría no tuvieron éxito ni siquiera con las tradiciones traídas por sus ancestros. "Mi Ricacha" es un cuento que mezcla las técnicas de la literatura fantástica con contenido de la herencia ancestral. El mensaje es que hay que tener más que actividades de Robin Hood para asegurar la igualdad social y los cambios necesarios.

En estos cuatro cuentos, "El encocao de Minchilla", "La tía Pastorita", "Entre la Tunda, el Duende, el Riviel y otros Bufeos" y "Mi Ricacha", Irma Bautista Nazareno combina la sabiduría ancestral y los mitos populares con aspectos de lo fantástico, para producir interpretaciones profundas y reconocibles de la cultura afroecuatoriana. Los poemas y cuentos en este libro representan la postura poscolonial y feminista de Irma Bautista. Tratan de la diáspora africana, la esclavitud, el cimarronaje y la liberación desde la perspectiva de una mujer buscando empoderamiento para hacer cambios sociales positivos.

Obras citadas

Bautista Nazareno, I. V. (2005). *Entre poemas y cuentos*, autoedición, fundaciónaldea.org/noticias-aldea/irmabautista.

Fotoentrevista a Irma V. Bautista Nazareno, (2021). "Sueño con el día en que ya no tengamos que hablar de discriminación", en la web de *ALDEA*, Asociación Latinoamericana para el Desarrollo Alternativo, fundación.org/noticias-aldea/irmabautista, 2 de junio de 2021.

V

DIÓGENES CUERO CAICEDO

TSUNAMI: MITOLOGÍA Y POESÍA (2006), LAS HUELLAS DE LA CARIMBA (2016) y *ME QUIEREN. . .QUITAR LO DE NEGRO (2019)*

"Yo no soy afrodescendiente, soy negro".

Diógenes Cuero Caicedo

Diógenes Cuero Caicedo

Diógenes Cuero Caicedo fue uno de los mejores exponentes de la cultura literaria negra contemporánea de Esmeraldas. Sus obras más destacadas son *Tsunami: mitología y poesía* (2006), *Las huellas de la carimba* (2016) y *Me quieren. quitar lo de negro* (2019). Falleció el 3 de enero de 2019 a los 70 años de edad. En cuanto a su identidad étnica, afirma en una entrevista: "Yo no soy afrodescendiente, yo soy de América, nací en este continente, no me llamen afro porque yo soy negro, con mucho orgullo lo digo"; y añade: "Somos negros orgullosamente, eso de afrodescendientes es como para endulzar un poco la cosa y tratar todos esos años de esclavitud a la que sometieron a los negros" (2015, en http://www.panorama.com.ve/mundo/poeta-ecuatoriano-pide-que-lo-llamen-negro-y-n...).

Esta actitud hacia la identidad negra se mantiene y se proyecta en las obras de Diógenes Cuero Caicedo, quien se da cuenta, correctamente, que la palabra "afrodescendiente" sirve para disminuir el significado y la importancia de "negro" en la cultura.

En "Hierve la literatura afro en Ecuador" citan a Diógenes Cuero Caicedo, quien explica: "Los escritores negros tenemos sed de justicia. Luchamos para que la raza morena no sea el último vagón del tren". Orlando Tenorio, otro escritor destacado, opina: "Los poetas negros estamos obligados a defender nuestra identidad. No puedo aceptar a ningún escritor negro con espíritu de blanqueamiento" (2012, en http://www.elcomercio.com.ec/tendencias/cultura/hierve_literatura afro). Las actitudes de Orlando Tenorio y Diógenes Cuero son fundamentales en la cosmovisión de los libros de Cuero Caicedo.

Tsunami: mitología y poesía

Tsunami: mitología y poesía (2006) está dividido en tres partes: en la primera, el autor interpreta Esmeraldas y su entorno; en la segunda, los mitos y el folclore de la provincia; y en la tercera, individuos y hechos importantes.

En su liminar al libro *Tsunami: mitología y poesía*, Orlando Tenorio Cuero comenta:

> En *Tsunami: mitología y poesía* los poemas no surgen de la nada, sino que provienen de la tradición real y palpitante de su pueblo; es parte de este proceso social, folclórico y mitológico de los campos de Esmeraldas.
>
> Este libro es una afirmación de los orígenes y la presencia de la gente de Esmeraldas. El autor poetiza experiencias de esclavitud, supresión, resistencia, lugar y etnia en el contexto postcolonial.
>
> Este libro, a decir de su propio autor, es la ventana por la cual él se asoma para decirle a la sociedad esmeraldeña, en especial, que jamás bajará la bandera de su lucha permanente, para que el negro se posesione de toda su fortaleza, y con todos los elementos que tiene haga prevalecer la dignidad de la raza (Cuero Caicedo, 2006, 13).

Tsunami: mitología y poesía empieza con el reconocimiento del origen japonés y el impacto de este fenómeno sobre la naturaleza y los seres humanos. Presenta la voz lírica, una analogía entre el poder destructivo de este fenómeno y el impacto de la avaricia del imperialismo yanqui:

Por nombre llevas tsunami,
así los japoneses te pusieron
naciste cual el yanqui
sin alma y sin corazón
con sadismo como chuqui
con la mente de ratón
eres como el imperialismo
matas sin contemplación (Cuero Caicedo, 2006, 17).

La voz lírica describe el tsunami como una "ola dantesca" que causa "pánico desolador" con su máxima destrucción. Tiene el mismo impacto catastrófico natural que la explotación social causada por el capitalismo y el imperialismo sobre la población negra, según la voz poética en esta metáfora hiperbólica, personificada en la imagen del "muñeco diabólico".

Pero el enfoque principal del libro es Esmeraldas y su cultura. Como dice Cuero Caicedo: "[. . .] es parte de este proceso social, folclórico y mitológico de los campos de Esmeraldas". Los poemas que ilustran estas tendencias son "Raíces", "¡Exaltación a Esmeraldas!", "Canto a Esmeraldas", "Cuando el oro cambia de color", "Conchera" y "Refinería Esmeraldas".

"Raíces" es el poema fundamental de la fundación de Esmeraldas. Está escrito en forma de una narrativa transmitida por Orlando Tenorio Cuero a la voz lírica. La versión de cómo llegaron los africanos a la costa de lo que hoy es Ecuador, según Cuero Caicedo, es igual a la de Antonio Preciado y otros escritores incluidos en este libro. La diferencia es que este autor enfatiza lo que trajeron los fundadores en términos materiales y espirituales. Cuenta la voz lírica:

El negro llegó a Esmeraldas
trajo una cultura linda
trajo guazá, trajo bombo
cununo y también marimba
Y yo me siento orgulloso
del negro y su rebelión
del gran Alonso de Illescas
y también del negro Antón
Ay negro rebelde, negro valiente
que sus cadenas rompió
Ay negro que libre serás por siempre
que sus cadenas rompió. . .(Cuero Caicedo, 2006, 70–71).

Estos versos encapsulan la narrativa del "descubrimiento" y la fundación cultural de Esmeraldas. Los africanos no llegaron huérfanos de tradiciones, sino que utilizaron la memoria colectiva para reconstruir aspectos fundamentales de su existencia. Su actitud de rebelión y resistencia es endémica a la población, características fundamentales al cimarronaje. La cultura del tambor, el ritmo y la música ayudaron a los africanos a mantener un sentido positivo de ser bajo condiciones extremas de represión. Encontraron sus modelos de rebelión y resistencia en las figuras de Illescas y Antón, quienes rompieron las herramientas de la esclavitud.

Como muchos otros poetas, Diógenes Cuero Caicedo destaca la imagen de Esmeraldas, tal como se evidencia en los poemas "¡Exaltación a Esmeraldas!" y "Canto a Esmeraldas". Empieza el primer poema con un apóstrofe entusiasta: "¡OH! Esmeraldas", y este tono fluye por todas las cuatro estrofas. Esmeraldas es, para la voz lírica, "encantadora, divina y tropical" (2006, 29).

Esta imagen positiva de Esmeraldas no se limita a la provincia, sino que compone el imaginario nacional, con todos los atributos positivos señalados. La conclusión de la voz poética es "¡Eres Edén Terrenal!" (2006, 29). "Canto a Esmeraldas" tiene en cuenta la dimensión social de la provincia y se concentra en los recursos humanos. El motivo principal del poema es "Está cambiando Esmeraldas, / por voluntad de su gente" (2006, 31). Este cambio que está proponiendo vendrá por medio de la acción colectiva:

> Las manos todas juntemos
> las voces todos levantemos;
> negros, cholos y mulatos,
> indios, mestizos y blancos (Cuero Caicedo, 2006, 31).

Con la colaboración de todos los grupos étnicos se puede construir una mejor Esmeraldas, que merezca todos los elogios brindados. Estos dos poemas, "Canto" y "Exaltación", demuestran la admiración que la voz poética y la población tienen hacia la provincia, que es tan importante en su existencia.

El petróleo es otra preocupación de Diógenes Cuero Caicedo. Es el autor de *Petróleo: realidad y sindicalismo* (1995), el mejor análisis del impacto de la refinería petrolera sobre Esmeraldas, su gente y el medio ambiente. Dedica dos capítulos profundos al problema: el V "Esmeraldas antes y después del petróleo" y el VI "La ciudad de Esmeraldas al borde del colapso social a causa del petróleo". Estos capítulos analizan la distancia entre la teoría y la práctica del progreso económico y social a causa de la presencia del petróleo. La palabra "desilusión" puede describir la realidad de la situación.

Toca el tema del petróleo y su impacto sobre Esmeraldas en dos poemas: "Cuando el oro cambia de color" y "Refinería Esmeraldas". El primer poema comienza con la anáfora "¡Petróleo!!!" que anuncia las cuatro estrofas y llama la atención sobre el impacto de este producto. Desde el principio, la voz lírica establece una relación simbólica entre el color negro, el petróleo y la política:

> "Oro negro", extraño y misterioso,
> sin partida de nacimiento,
> codicia de potentado,
> sangre vampiral
> de transnacionales,
> sin fronteras, multinacional (Cuero Caicedo, 2006, 39).

El petróleo sale apolítico de la tierra, pero inmediatamente es convertido en un premio económico para los codiciosos nacionales e internacionales. Aquí la voz lírica humaniza el petróleo y lo representa en su dimensión negativa extrema. Al brotar de la tierra, el petróleo es inocente, pero en manos de los seres humanos está politizado por la avaricia de los poderosos de compañías "sin fronteras".

La diatriba continua en la segunda estrofa, donde la analogía "petróleo" y "negro" está clara: "¡Petróleo!!! / Despreciable, por desconocido ayer, / o por negro tal vez" (2006, 39).

Expone el impacto del petróleo en los pueblos víctimas de sistemas políticos y sociales donde tiene más peso la acumulación de ganancias materiales y de dinero que el bienestar de la gente común. Contrasta este "apetito voraz del imperialismo" con el "hambreador de pueblos" y "asesino de masas". El "racista opresor" no puede distinguir entre el color negro del petróleo y el "Negro" como ser humano en su visión del mundo.

Sigue la analogía entre el petróleo y el negro en las siguientes estrofas. La voz lírica observa:

> Lo cierto es que naciste
> esclavo de las rocas
> en las entrañas mismas de la tierra
> como en su propio continente,
> el hombre sucumbe
> ante el tirano colonizador (Cuero Caicedo, 2006, 40).

El petróleo, "esclavo de las rocas", es liberado para ser esclavo del imperialismo y las multinacionales. Los negros están libres y después son esclavizados por los mismos intereses del "tirano colonizador" y el impacto negativo del capitalismo.

"¡Que se levanten los pueblos!" clama la voz lírica, pero se da cuenta de que quizá no sea posible cambiar del sistema ni el control que tiene el petróleo sobre el pueblo, porque el petróleo es "un mal necesario" (2006, 41). Es decir, el petróleo es una realidad permanente y hay que articular una manera de sacar ventaja de sus beneficios. Puede servir como punto de partida de cambios positivos y para "que se extinga la miseria / que se libere el hombre! / y que se mitigue el hambre" (2006, 41). "Cuando el oro cambia de color" comienza como una acusación al petróleo por su malévolo impacto sobre la sociedad, y termina abogando por soluciones positivas.

Pero este optimismo no continúa en el poema "Refinería Esmeraldas", donde la realidad del impacto de la refinería es evidente. Sin embargo, la voz lírica está buscando un cambio porque "La Refinería han de subastar / para la pobreza incrementar / el hambre y la miseria popular" (2006, 115). Hay una ambivalencia por parte de la voz lírica hacia la refinería. Reconoce que es un producto del capitalismo internacional y su imperialismo ecológico. Pero es la única empresa que puede ofrecer apoyo financiero a la gente de Esmeraldas. Ya es hora de que el pueblo tome control de la refinería y de su destino económico y social: eliminar el hambre y la pobreza. Es decir, reclamar su patrimonio y herencia es la manera de mejorar la sociedad esmeraldeña. Es otro sueño no cumplido.

Diógenes Cuero Caicedo dedica un poema también a la "Conchera". A diferencia de otros poemas que tratan el tema, este texto abarca la perspectiva económica de la tarea. A la vez ilustra la definición de la teoría ecocrítica por Glotfelty y Fromm. "Conchera" consta de siete coplas de cuatro versos cada una y un "coro" de tres. Comienza con la relación íntima de la mujer y su labor:

> Negra, mulata. . .conchera.
> Concubina del manglar,
> hembra de vientre afuera,
> de tanto conchar. . .conchar.
> Calzada de lodo y fango,
> satinada de arena y mar,
> extenuada de trago amargo,
> de las entrañas del manglar.
> Húmeda de arriba, abajo,
> mojada toda. . .completa.
> Esclava de ese trabajo,
> que la vida te arrebata (Cuero Caicedo, 2006, 80).

"Conchera" es otro poema que demuestra la relación íntima entre seres humanos y la naturaleza, con imágenes viscerales del proceso. Parece que "tanto conchar" ha alterado la apariencia física de la mujer en esta relación simbiótica con el manglar. Es difícil separar la persona del medio ambiente "de lodo y fango", "de arena y mar", "mojada toda. . .completa". Es como si fuera una prisionera del trabajo, atrapada entre las rejas del manglar. La voz lírica presenta la búsqueda de la conchera como si fuera un juego con la concha, "prieta, negra, al escondido jugando" (2006, 80). Pero ¿cuál es el benéfico de todo este sacrificio por parte de la conchera? La respuesta a esta interrogación constituye la ironía de todo el proceso porque "Ya no podrá disfrutar, / el pobre de un rico plato" (2006, 80). La verdad es que la conchera no puede gozar ni disfrutar de sus esfuerzos. En el mercado el precio de los productos que ha conchado es tan alto que no puede permitirse el lujo de comprar conchas ni otros productos del manglar. El resultado de su labor está destinado a la mesa del "rico que paga alto" (2006, 80). "La conchera" de Diógenes Cuero Caicedo capta aspectos de la realidad de las concheras: mujeres que sacrifican sus cuerpos para cosechar las riquezas de los manglares para su bienestar, pero no mejoran sus condiciones económicas. Es un ciclo vicioso. La dependencia mutua entre la naturaleza y los seres humanos es el tema de "Conchera" que ejemplifica la dimensión ecocrítica del poema.

Como señala Orlando Tenorio Cuero, en este libro, los poemas "no surgen de la nada, sino que provienen de la tradición real y palpitante de su pueblo, es parte de este proceso social folclórico y mitológico de los campos de Esmeraldas" (2006, 53). Estos aspectos de la cultura son los que vemos en los poemas, interpretando la realidad afroecuatoriana y ecuatoriana. El autor los poetiza en *Tsunami: mitología y poesía* y sus subsiguientes publicaciones.

Las huellas de la carimba

Las huellas de la carimba (2016) también es un trabajo de afirmación cultural y resistencia. Para Cuero Caicedo, la carimba es un símbolo, una metáfora central de la cultura afroecuatoriana y la diáspora, como han señalado escritores afrohispanos, entre ellos Nicomedes Santa Cruz y Manuel Zapata Olivella.[1]

El poema, "La carimba", es una apóstrofe extendido que analiza el papel de este instrumento en la historia de los africanos en el continente americano:

Carimba, hierro malvado
con nuestras propias manos

forjado y hasta moldeado.
A punta de rebenque danzado,
nos convirtieron en artesanos
de la marca para los esclavos (Cuero Caicedo, 2016, 7).

La voz lírica se da cuenta de que la carimba, ese instrumento malvado, fue forjado por los mismos negros que sufrieron su marca. Es una ironía histórica que causa mucha pena y pesar hasta hoy.

La voz lírica ve el dilema de la carimba como una colaboración siniestra entre el patrón y el esclavo: "el verdugo del Patrón". La voz lírica sigue el proceso de marcar los seres humanos como propiedad del "Señorón, en tu piel. . .y en la mía. . .grabada / su maldito nombre ese cabrón" (2016, 7). La intensa temperatura de la carimba se describe con imágenes de fuego: "caliente;" "ardiente;" "hoguera infernal". Es un acto que tiene un impacto colectivo y perdurable.

Nuestra piel fue que pincharon
con aquel hierro incandescente
hasta el corazón nos marcaron
ténganlo siempre presente. . .(Cuero Caicedo, 2016, 7).

Hay muchos que creen que, aunque la marca visible haya desaparecido con el tiempo, los daños psicológicos quedan. Fue un acto traumático que ni el tiempo ni la memoria pueden erradicar. Va más allá de la piel, va hacia la mente. Pero la voz poética tiene una respuesta a la carimba y al proceso de marcar a los esclavos y al gamonal "opresor, racista. . .mala gente" (2016, 8). Expresa la rabia que se ha acumulado durante siglos de manera directa, enojada y acusatoria. La experiencia de la carimba quedó en la mente de los negros, "anormal de elefante". Aunque se hayan roto las cadenas, hay recuerdos e imágenes que nunca desaparecen. La rima consonante trasmite de manera efectiva la rabia de la voz por la esclavitud y su impacto humano.

"La discriminación" es otro poema que denuncia la esclavitud y su legado. Traza quinientos años de la existencia negra en el continente americano frente a la violencia y las prácticas deshumanizantes. El racismo es el tema de este poema que narra el destino de los negros en el pasado, el presente y quizá el futuro. Hay un lamento por la odisea de explotación, desigualdad y discriminación que ha tenido un impacto tanto físico como psicológico. Los "parásitos" tenían la capacidad de cambiar la identidad física de la persona por medio de sus carimbas y otras formas de castigo, así como su expresión verbal y manera de ser. Todo esto deja a un pueblo indefenso. La única opción segura para los esclavos fue la muerte.

Escrito en coplas, hasta la última estrofa con rima consonante, "La discriminación" es testimonio de una realidad que siempre ha existido desde el encuentro de Europa y África en el continente americano.

El poema "La discriminación" critica "apartéis", "genocidio", "inequidad" y "racismo", todos "enquistados en la sociedad". El color de la piel es el factor más importante de esta realidad histórica. En la última estrofa la voz poética implora la armonía:

> Blanco, negro y el amarillo
> de la gama los tres colores
> mirarlo así, lo más sencillo
> cual pavo real, como las flores
> Terminen racistas ese estribillo
> de mil colores, así somos señores (Cuero Caicedo, 2016, 12).

Pero, desafortunadamente, el reino animal (no humano) y el vegetal no tienen una solución para este problema social tan profundo. "La discriminación", como "La carimba", son poemas que exploran la historia íntima de la diáspora afroamericana. Demuestran que no mucho ha cambiado en las interacciones humanas de hoy, por razones históricas y sociales.

Las huellas de la carimba es la más profunda interpretación de la experiencia afroecuatoriana de las últimas décadas. Sigue la trayectoria negra desde África hasta su destino en Ecuador. En la mente del opresor, relaciona el color negro con la inferioridad. Para cambiar esta actitud, la voz lírica sugiere "reclamando eso al Creador" (2016, 12).

Otros tres poemas destacados de *Las huellas de la carimba* son "Wimbí pueblo ancestral", "Negro soy" y "Negro cuscumbo". "Wimbí pueblo ancestral" está dedicado a la cuna del poeta. Es un lugar idílico:

> Wimbí, río de aguas sutilmente rugiente
> puras, sonoras, de pendiente interminable
> en la cresta más prolongada de su silueta
> como recién llegado del africano continente
> se asienta un pueblo negro tan admirable
> reserva, de cultura y costumbre en ti inédita (Cuero Caicedo, 2016, 35).

Representa el lugar emblemático de las voces líricas que poetizan Esmeraldas, donde hay armonía entre los seres humanos y la naturaleza. La analogía con África hace del lugar un sitio más amable para los recién llegados, donde posiblemente puedan reconstruir su cultura y maneras de ser. Tiene el mismo papel hoy día. Wimbí representa la expresión máxima del cimarronaje cultural:

> Wimbí encofrados tus secretos ancestrales
> de la cultura y costumbre, la pura tradición,
> Palenquero, selva adentro, sin gamonales
> guardando el tesoro cultural de su generación (Cuero Caicedo, 2016, 36).

Este pueblo es un lugar donde pueden definir y compartir sus tradiciones, ritos y costumbres sin temer la intrusión de gamonales y otros opresores. Es otro palenque que representa la libertad y la autodeterminación para la comunidad. Los actos de cimarronaje establecieron los valores que todavía existen en el pueblo.

En Wimbí la cultura popular es fundamental para la existencia. Es vivida y respetada diariamente en su música y ritmos (el cununo, el bombo y la marimba), sus prácticas culinarias (el encocao, el tapao con agua zurumba), sus mitos y leyendas (la tunda y la gualgura) (2016, 36). Estos elementos representan el sincretismo cultural, esta mezcla de África y el Nuevo Mundo vivido diariamente en Wimbí. Wimbí está vivo con los olores, sonidos, ritmos, bebidas, comidas y alegría manifestados por su población en este rincón de África en Ecuador. Los mitos populares que unifican al pueblo abundan. La Tunda, La Gualgura y otras figuras guardan relaciones íntimas con la vida cotidiana de Wimbí. Es tierra libre donde el negro controla su destino inmediato y futuro. Pero esta visión paradisiaca es una ilusión.

En "Wimbí" el autor presenta una imagen positiva del pueblo, su gente y su cultura, pero bajo la superficie algo siniestro está pasando. En su investigación penetrante sobre las relaciones entre Wimbí, las industrias de palma y minería y el Gobierno del Ecuador, titulado "Racismo ambiental: muerte lenta y despojo de territorio ancestral afroecuatoriano en Esmeraldas", María Moreno Parra (2019, 89) afirma:

> En la comunidad de Wimbí, cantón San Lorenzo, al norte de la provincia de Esmeraldas, Ecuador, se producen formas de racismo que se expresan no solo en el despojo o la acumulación por desposesión de territorio ancestral (que incluye desalojo y formas de violencia como amedrentamiento de la población local), sino también en formas de sufrimiento ambiental que tienen efectos en la salud y los medios de subsistencia, y que más bien se deberían entender como una forma de eliminación étnica en *territorio*, que produce la muerte lenta de poblaciones afroecuatorianas mediante acciones e inacciones que comprometen su vida y salud. La lucha antirracista consiste en permanecer en territorio y en apelar al derecho de

posesión ancestral como pueblo afroecuatoriano y a los derechos de la naturaleza de la Constitución de 2008.

En este trabajo, la profesora Moreno Parra señala una realidad que enfrentan las poblaciones negras a diario, no solamente en Wimbí, sino a través de la diáspora africana en las Américas. Subyacente al conflicto es la tensión entre derechos ancestrales y derechos legales a la tierra. A pesar de "apelar al derecho de posesión ancestral como pueblo afroecuatoriano y a los derechos de la naturaleza de la Constitución de 2008", la Empresa Energy & Palma (multinacional) sigue con su destrucción del ambiente y el desalojo de personas a pesar de la resistencia por parte de los pobladores y la ayuda de la Iglesia Católica. Como muestra Moreno Parra (2019, 106), Wimbí está sufriendo una combinación de racismo ambiental y étnico perpetuado por "la agroindustria y la industria minera, pues implica la pérdida de vidas y desechabilidad de quienes tienen menor valor en las jerarquías etno raciales del país". Lo que pasa en Wimbí es un ejemplo clásico del imperialismo ecológico que ha roto no solamente la vida diaria de sus habitantes, sino también ha dañado el medio ambiente. Los habitantes protestan y resisten la pérdida de su tierra ancestral, pero tienen pocas opciones sin el respaldo del Estado.

"Negro soy" afirma imperturbablemente la identidad étnica de la voz poética:

Negro soy señor
no me afrenta mi color
es la obra del creador
y lo llevo con gran honor (Cuero Caicedo, 2016, 85).

Esta invocación positiva de lo negro persiste en todo el poema, desde su nacimiento (papá y mamá fueron así) hasta el presente. El poema es una mini épica de la experiencia histórica del negro: diáspora, esclavitud, resistencia, cimarronaje y libertad. La esclavitud es la experiencia negra que ha dejado la impresión más profunda en la voz lírica. Es un legado imborrable física y psicológicamente, un castigo "Por ser negro", la anáfora dominante de los versos. Pero la larga noche de la esclavitud no disminuye el sentido de humanidad y afirmación de identidad de la voz poética: "¡Qué pena!!! Así Negro. . .Yo nací" (2016, 90). Más que una actitud de victimización, la voz lírica demuestra una actitud de resistencia a las circunstancias asociadas con la esclavitud. El cimarronaje cultural ha permitido el establecimiento de una sociedad fuerte y perdurable debido a los sacrificios de los ancestros.

Las huellas de la carimba es una odisea de un segmento de la población africana, robada de su tierra natal, traída al continente americano y forzada a reconstituir su existencia en un ambiente hostil. Pero gracias a su capacidad de lucha y a su instinto de supervivencia, forjó una nueva cultura en sitios como Wimbí, Esmeraldas y sus cantones. "Negro cuscumbo africano", que repite muchos de los motivos de los otros poemas, reitera que su residencia y su presencia son permanentes en Esmeraldas. Afirma que "Negro cuscumbo, africano soy" (2016, 90). Al resistir el mestizaje y la despersonalización, la voz lírica afirma lo más fundamental de su ser, es decir, la identidad negra. No es un sentimiento superficial, sino que viene de sus raíces étnicas/tribales africanas; la afirmación encabezada por la palabra "Negro" no deja duda de cuáles son las raíces.

Diógenes Cuero Caicedo también tiene poemas dedicados a la cultura popular en este libro ("La Tundurucha" y "A Omar Mina, la Tunda lo entundó"), a la historia ("El gran gobernador", "El 21 de septiembre, el asalto de la expedición", "Don Eloy, el revolucionario" y "La hoguera bárbara"), al ambiente ("El agua", "Fogata de contaminación"), a la sociedad ("Esmeraldeña", "Merienda de negros" y "La pobreza") y a la mujer ("La esmeraldeña").

"El 21 de septiembre, el asalto de la expedición", el primero a considerar, aborda la llegada de los españoles a la costa de Ecuador en 1526. Escrito en coplas, el poema presenta una visión negativa de los conquistadores y sus actividades. Los versos que siguen captan el sentimiento de la voz lírica en este choque entre el Nuevo y el Viejo Mundos.

Las descripciones de los invasores: "blancos mugrientos", "bandidos, escoria de gente" son fieles a muchos de los que vinieron al "nuevo mundo" en busca de riquezas y botín. No fueron la mayoría de la clase media/alta, sino de la baja. Ignorantes en su mayoría, no tenían respeto por los nativos, ni por su cultura ni por costumbres ("una basura"). El abuso a las mujeres está bien documentado: "las descorchaban cual botellas / las violaron y abusaron sin piedad" (2016, 101). Las atrocidades cometidas en nombre de la Iglesia y la Corona provocaron una pesadilla histórica para las poblaciones indígenas y negras, y cambiaron esta "tierra verde" para siempre.

Pero el legado del 21 de septiembre y su recuerdo han tenido un impacto duradero hasta hoy, debido a "que en la mente nuestra se siembre / el bravío, coraje y rebeldía para luchar" (2016, 102). La voz lírica lamenta la imposición de la Biblia y sus enseñanzas en tanto intentaron abolir las creencias ancestrales y cambiar el mismo carácter de los nativos. La voz lírica no cambia su actitud hacia "esos escorias, españoles de mala cría" (2016, 102). El 21 de septiembre "ésta es una fecha para protestar" y no celebrar. Es decir, el encuentro con los españoles tiene resonancias negativas hasta hoy.

"Don Eloy, el revolucionario" y "La hoguera bárbara" están conectados por la figura de José Eloy Alfaro Delgado, dos veces presidente de Ecuador y líder de la Revolución Liberal Ecuatoriana. La primera estrofa establece su lugar en la historia:

Un cinco de junio para celebrar
de Eloy Alfaro, la revolución liberal,
la toma del poder para gobernar
en beneficio del pueblo del General (Cuero Caicedo, 2016, 113).

El 5 de junio 1895 Eloy Alfaro depuso al presidente Vicente Lucio Salazar y empezó a hacer cambios sociales, económicos y políticos para hacer avanzar el país. Según la voz lírica, "por justicia, igualdad y confraternidad" (2016, 113). Conocido como "el Viejo Luchador", Don Eloy es comparado por la voz lírica con Bolívar, Napoleón y Martí, cuyas ideas sirvieron para "incinerar la opresión".

"La hoguera bárbara" tiene que ver con el fin físico de Don Eloy y sus compañeros, que fueron amarrados, arrastrados y llevados a quemar (2016, 117). Históricamente, el 28 de enero de 1912 una muchedumbre de soldados pro católicos ("Viva la religión y mueran los masones") sacó a Alfaro de la prisión y lo llevó a la hoguera. La voz lírica describe el episodio como un:

Crimen execrable vergüenza nacional
poderes retardatarios de esta sociedad
con fuego quisieron acabar con el ideal
de Don Eloy y su sangre roja de libertad (Cuero Caicedo, 2016, 117).

Este acto consolidó la figura de Eloy Alfaro como un mito cultural ecuatoriano porque "las cenizas y sus ideas fueron esparcidas / cien años después retumban cual tambor" (2016, 117). Es decir, al matar físicamente a Eloy Alfaro enaltecieron su reputación como luchador "por justicia, igualdad y equidad para la gente" (2016, 118), ideales que quedan en la mentalidad colectiva hasta hoy. En el lugar donde ocurrió el acto bárbaro hay un monumento nacional al expresidente y "Viejo Luchador". Los traidores y asesinos terminaron con el individuo, pero no con sus ideas.

"El agua" y "Fogata de contaminación", dos poemas de tendencia ecocrítica, expresan las actitudes del autor hacia el ambiente. "El agua" reconoce los múltiples usos de este elemento. En coplas la voz lírica explica que el agua es fundamental para la existencia mundial: plantas, animales y la naturaleza en general. También menciona el contexto religioso como un "elemento de la bendición".

Más práctica es "para la sed mitigar". El agua, como los humanos, completa un ciclo de vida en las montañas, los ríos y campiñas en vía al mar. "El agua" representa este elemento en su estado prístino, natural. "Fogata de contaminación" presenta una visión opuesta:

> La Refinería cierto contamina,
> ya no queda agua cristalina,
> por culpa del diesel y la gasolina
> nuestra vida lentamente termina (Cuero Caicedo, 2016, 109).

La revolución industrial trae progreso material con la presencia de la refinería del petróleo, pero los resultados humanos y naturales son desastrosos. Nada puede existir sin agua. La voz poética lamenta la contaminación producida por el "oro negro" y su "fogata" y que "nuestra vida lentamente termina. . .acabando con la generación" (2016, 109). Hay progreso negativo en el poema "de una tierra verde y tropical" (2016, 109) a "El Ecosistema acabado / el campo sin su mismo verdor" (2016, 110). El centro de "El Ecosistema" es el agua, sin la cual nada sobrevive.

La preocupación por la gente y su bienestar se manifiesta también en "La pobreza". La voz lírica se da cuenta de la falta de recursos de la población. Tiene impacto en la salud, la educación y la psiquis, es decir, en la composición física y mental de las personas. La voz lírica solicita comprensión y compasión para facilitar la lucha contra la pobreza en este mundo, y no esperar "del Reino Celestial disfrutar" (2016, 105).

El sentido de comunidad y fraternidad, que se manifiesta por medio de la comida, está expresado en "Merienda de negros" y la preparación para comer. El ambiente, los ingredientes, los parientes y los invitados coinciden en un encuentro especial para degustar "la comida de mi gente / que el patrón ha explotado" (2016, 73). Ni siquiera un patrón cruel e insensible no puede interferir en este evento, porque:

> La merienda es el momento
> de expresar nuestra alegría,
> con: música, jolgorio y el canto
> por la única comidilla del día
> merendona con sentimiento,
> de los negros la ambrosía (Cuero Caicedo, 2016, 74).

Lo irónico del poema es que el autor ha elegido un título: "Merienda de negros", que expresa el legado colonial, el cual, para los patrones, significaba confusión, desorden y estupidez. La voz lírica ha invertido esa actitud y convertido su "Merienda" en un símbolo de armonía entre ellos frente a un sistema cruel e injusto. La gente celebra esta reunión hasta hoy día.

La mujer negra está también presente en la poética de Diógenes Cuero Caicedo. "Esmeraldeña" elogia esta figura como "musa de inspiración. . ./ ingenio de la poesía / embeleso de los hombres. . ./ tu semblante inspira cantar" (2016, 25). La voz poética tiene una concepción positiva de la mujer de Esmeraldas, igual a la de los y las artistas incluidos en este trabajo, dado que es una figura que representa la continuidad de la estirpe de belleza e inspiración literaria.

Tsunami: mitología y poesía y *Las huellas de la carimba* contienen poemas que abordan temas locales, nacionales e internacionales. Diógenes Cuero Caicedo interpreta aspectos de la condición humana sin limitaciones culturales, temporales o espaciales. Estos libros reflejan la posición del autor en relación con el significado de ser identificado como "negro" dentro del contexto afroecuatoriano de Esmeraldas y del mundo. Los dos libros articulan una temática y cosmovisión poscoloniales y de resistencia al interpretar la experiencia negra desde África hasta Ecuador.

Me quieren. . .quitar lo de negro

Me quieren. quitar lo de negro (2019) consta de poemas que expresan muchas ideas culturales de Diógenes Cuero Caicedo sobre la identidad negra. En la introducción a su libro, escribe:

> [. . .] el autor relata en prosas los vaivenes de la inestabilidad, inseguridad y falta notable de afirmación de identidad étnica, por eso antes de ayer africanos por auténticos o recién llegados, ayer negros o *mulatos* por despreciables: y de hoy en adelante por destacados y valiosos *afrodescendientes* [. . .] (Cuero Caicedo, 2019, en la introducción).

Más adelante dice que el libro pretende:

> [. . .] describir la realidad de una evidente falta de identidad del *pueblo negro* [. . .] todavía se encuentra ensayando la definición étnica del *pueblo negro* [. . .] sean por siempre desterrar el adjetivo *negro*, el cual resulta más que ofensivo para definir e

identificar el color o pigmentación de la piel, por tanto mejor sonido provoca la palabra compuesta *afrodescendientes* (Cuero Caicedo, 2019, en la introducción).

Este libro es una afirmación de la identidad negra por parte del autor. La tendencia en Hispanoamérica es emplear la palabra *afrodescendiente* como equivalente a *negro* para evitar el significado histórico y cultural de esta palabra. Según Cuero Caicedo, es una manera cínica, ahistórica para negar la presencia del impacto permanente de negros africanos en la sociedad en cuanto a su presencia física y sus contribuciones a la experiencia histórica, sus ancestros y la permanencia de la esclavitud en su mentalidad y sentido de ser. Dice ciertamente Cuero Caicedo que, aunque "físicamente las cadenas y grilletes han desaparecido de cuellos, manos y piernas [. . .] las ataduras y marcas aún perduran tatuadas en mentes y corazones de discriminados" (Cuero Caicedo, 2019, en la introducción).

Estas ideas y actitudes son la razón de ser de este libro, el cual está dedicado a la identidad (etnia y color), las raíces culturales, la familia y las mujeres; es una afirmación de lo que la sociedad quiere negar en esta dialéctica cultural entre "negro" y "afrodescendiente". Dos poemas que yuxtaponen los conceptos *negro* y *afrodescendiente* son "Me quieren quitar. . .lo de negro" y "A mi negra me la cambiaron".

El primer poema, que da título al libro, es una afirmación de lo negro frente a la idea de afrodescendiente. Cada estrofa comienza con la interrogación "Yo. . . Afro descendiente?". La voz lírica sigue:

Yo. . .Afro descendiente?
Pá. . .mi color de negro ocultar
Pá. . .la Cadena y el Grillete
por siempre olvidar. . .
Y la cicatriz de la Carimba
así de fácil borrar. . .
Pá. . .que el bombo, la marimba,
el cununo y el guasá
Nunca más se puede entonar
Y mi voz jamás se vuelva a escuchar (Cuero Caicedo, 2019, 1–2).[2]

Al aceptar la identidad de afrodescendiente, el negro está negando su pasado, borrando su presente, historia y cultura. Pero la cadena, el grillete, y la carimba son símbolos e instrumentos que el negro no puede olvidar. Algunas herramientas fundamentales a la cultura, como el bombo, la marimba, el cununo y el guasá, van a ser borrados de la memoria colectiva al asumir la población su nueva identidad de "afrodescendiente". Según la voz lírica, aceptar esa identidad es "como borrando el pasado".

"Yo afrodescendiente" comienza cada estrofa con una anáfora consonante, interrogando la palabra y, a la vez, una afirmación retórica de lo negro. Después de afirmar su origen africano, la voz lírica se dirige a su color e identidad como "Negro Americano / ecuatoriano", ayer, hoy y mañana, con orgullo. Su actitud fundamental es que un cambio de terminología no esconde la realidad de la experiencia negra. La voz poética interpreta la aceptación de "afrodescendiente" como una manera de reescribir la historia para oscurecer el color negro y olvidar las experiencias y crueldades de la esclavitud perpetradas por "la cadena", "el grillete" y "la carimba". El impacto de estos instrumentos, reales y simbólicos, de opresión y deshumanización de la gente negra, no puede ser eliminado con un mero cambio de terminología.

La última estrofa de este poema capta verazmente la razón por los esfuerzos de hacer "afrodescendiente" la norma:

Yo. . .Afro descendiente?
caerle bien a la gente
será que los negros han encontrado,
como borrando el pasado,
hacerse llamar Afro descendiente. . .
colorín, colorado. . .
Este cuento se ha negreado (Cuero Caicedo, 2019, 2).

"Afrodescendiente" es un término políticamente correcto con la intención de hacer sentir bien al público. Pero el poema termina con una paradoja: el cuento no se ha acabado, sino "negreado". Es interesante que el autor no conecta "Afro" con "descendiente" en una sola palabra. No creyó en sus implicaciones.

El impacto de avanzar en una identidad como "Afro descendiente" es el tema de "A mi negra me la cambiaron". La voz lírica recuenta la experiencia de una familia cuya hija "partió / en busca de otro sendero" (2019, 5), con destino a España. La imagen de ella que recuerda el padre es la siguiente:

Negrita, mi hija al nacer
Bien negra como su papá
era una belleza de mujer,
bien parecidita a su mamá (Cuero Caicedo, 2019, 5).

El papá le ruega a la hija no abandonar su nacionalidad, porque lleva un sentido de identidad. Pero ella está impresionada positivamente por España, un país "en el que me siento realizada" (2019, 9). El padre vio la nueva imagen de su hija por medio de una videoconferencia y reaccionó: "Yo me quedé medio preocupao / porque yo a ella no la reconocí" (2019, 6). A causa de la discriminación, según la voz lírica, la hija ha tenido que cambiar su apariencia física. Le preocupa mucho al padre estas modificaciones de su hija, sobre todo el pelo y la nariz. En cuanto al pelo: "De niña su pelo era muy apretado, / pero orgullosa lo llevaba mi negrita" (2019, 6), pero ahora "su pelo luce largo y amarillo. . .que parece una guirnalda" (2019, 6); y la nariz: "La propia nariz de mi muchacha / bien ancha pá respirá profundo / aplastada como por una plancha" (2019, 7).

Al llegar al aeropuerto en Quito para llevar su hija a casa, el padre ya no la encuentra porque no la reconoce entre los pasajeros. Al volver a casa, "de un taxi vieron baja una pasajera" (2019, 7). El cambio físico es profundo:

> Aguileña también lucía su nariz
> y los pechos alzados con cirugía
> que de lejos se parecía a una actriz
> y de cerca igual a una petaca vacía (Cuero Caicedo, 2019, 7).

Parece que los cambios físicos en el cuerpo de la hija la han hecho menos humana. El estándar de belleza en España no es el mismo que en su país. El papá no ve a una mujer españolizada, sino a una "petaca vacía". Según la voz lírica, la hija ha perdido sus marcas de identidad negra —pelo, nariz, pechos— para ser afrodescendiente.

> Tu pelo, pechos y nariz cambiaste,
> justo a lo más parecidito a tu papá
> ahora es una afro descendiente
> Porque nada ha quedao de tu mamá
> ni tampoco dejaste algo de tu papá
> ¿hija, tú. . .de quién. . .mismo será? (Cuero Caicedo, 2019, 8).

Con los cambios físicos de la hija, nada de la identidad de sus padres ha quedado. La última interrogación es "¿hija, tú. . .de quién. . .mismo será?" (2019, 8). Así la transformación de "Negra" a "Afrodescendiente" está completa con una pérdida de identidad étnica y cultural. La hija está reaccionando a valores sociales que no favorecen "Lo de negro", al establecer su nueva persona. En estos dos poemas Diógenes Cuero Caicedo articula sus ideas sobre los peligros de aceptar una identidad políticamente correcta, olvidando valores que ha mantenido la gente negra por siglos.

Me quieren. quitar lo de negro es un libro que también afirma el lugar de los negros en la sociedad ecuatoriana. Trata temas como etnia/color, raíces culturales, la familia y las mujeres. Entre los poemas dedicados a las esmeraldeñas hay "Negra linda", "Negra coqueta", "Negra, yo estoy celoso", "Amante", "Daniela", "Viviana", "María José", "Rosamelia", "A la Juana", "Lavandera" y "La quinceañera." Todos presentan virtudes positivas de mujeres, adolescentes y niñas negras.

El poema "Las esmeraldeñas" resume todo. Comienza con símiles comparándolas con "flores", "piñas", "mariposas" y "como las reinas / de una Corte Celestial" (2019, 33). La voz lírica describe la presencia física de ellas en relación con la naturaleza. A la vez, es consciente del mestizaje: "Las hay negras y mulatas / blancas, indias, morenas, y prietas" (2019, 33). Está impresionado por su ritmo y su capacidad para amar. Las esmeraldeñas son presentadas "como las rosas de un jardín tropical, / tan lindas, son como violetas / son las reinas del Eden Tropical" (2019, 34). Como en las obras de muchos poetas de Esmeraldas, las personas en este texto están definidas en relación con la naturaleza. Es una manera en "Las esmeraldeñas" de definir la belleza humana y natural.

La pérdida de las tradiciones culturales es una preocupación también del autor. "La Tunda moderna" ejemplifica estas tendencias. Es una parodia de la figura cultural icónica. Caicedo Cuero mantiene que la huida de lo negro no tiene un impacto solo en lo étnico, sino también en lo cultural. La Tunda está presentada desde una perspectiva contemporánea. "La Tunda moderna" es un poema de pérdida, del fallecimiento del abuelo y del bosque destruido de la Tunda. Lamenta la voz lírica:

> Perdió la Tunda su escondite
> del árbol ni la bamba ya quedó,
> la moto sierra y el machete
> con la fauna y la flora terminó (Cuero Caicedo, 2019, 37).

Ya no tiene lugar donde llevar a sus víctimas, ni sus famosos camarones para facilitar el embrujo. Aun su pata de molinillo ha cambiado. Lamentablemente, la Tunda "está civilizada", ya es una figura de cuentos, bailes y películas. Su mitología ha cambiado para satisfacer las necesidades culturales contemporáneas. La voz lírica termina por decir:

> La Tunda ahora es atracción,
> eso por demás está comprobado

dejó atrás toda una tradición
por venirse del monte al poblado (Cuero Caicedo, 2019, 38).

Para aclarar, la Tunda no visitó físicamente el poblado. Su presencia misteriosa, unificadora, ha sido apropiada para conformar las necesidades de las nuevas generaciones, en oposición al pensamiento de Cuero Caicedo. "La Tunda moderna", "A mi negra la cambiaron" y "Me quieren quitar. . .lo de negro" expresan las ideas de un autor en oposición a las normas cambiantes de una sociedad que se ve como "moderna". Diógenes Cuero Caicedo está interrogando si es necesario distanciarse de los valores que han construido la base de la cultura negra ecuatoriana ancestral para progresar.

La familia ocupa un lugar central en el discurso de este libro. "A mi padre muerto", "A nuestra madre muerta", "Daniela", "Viviana" y "El niño" son ". . . partes indispensables / de la formación familiar" (2019, 55). Los poemas dedicados al padre y a la madre son de memorias, de anhelos y añoranza. La voz lírica recuerda: ". . .los consejos añejos. . .ya viejos" del padre (2019, 109). Esta actitud de gratitud se extiende a la madre, con más emoción de la voz lírica, que le suplica a Dios "no permitas que nunca muera; / la madre es irremplazable Señor" (2019, 113). "Irremplazable" capta el lugar indispensable de la madre en la familia y en la sociedad. La voz lírica reconoce y rinde homenaje a sus padres y a toda la familia en esta expresión de amor y de solidaridad.

En resumen, *Me quieren. quitar lo de negro* reitera muchos de los temas presentes en *Tsunami: mitología y poesía* y *Las huellas de la carimba*, pero con más fuerza y emoción. Las obras de Diógenes Cuero Caicedo son testimonio poético del origen, presencia y quizás del futuro de los afroecuatorianos, a quienes implora continuar la lucha por su reconocimiento, dignidad, derechos y, sobro todo, su identidad. Estos tres libros abarcan los conceptos básicos del poscolonialismo en relación con la experiencia diaspórica africana en Ecuador. Travesía, encuentro cultural, esclavitud, cimarronaje/palenque, resistencia, libertad son los temas de la obra poética de Diógenes Cuero Caicedo en homenaje al pueblo de Esmeraldas.

Notas

1 La metáfora de la carimba está presente en las obras de otros intelectuales afrohispanos como Nicomedes Santa Cruz, el ilustre poeta peruano, y Manuel Zapata Olivella, el destacado autor colombiano. En "Ritmos negros del Perú" Santa Cruz canta:

> De África llegó mi abuela
> vestida con caracoles,
> la trajeron lo'epañoles
> en un barco carabela.
> La marcaron con candela,
> la carimba fue su cruz.
> Y en América del Sur
> al golpe de sus dolores
> dieron los negros tambores
> *ritmos de la esclavitud* (Santa Cruz, 1971, 39).

Al hablar de "La carimba mental", Manuel Zapata Olivella (2014, 155–6) dice:

> Pues bien, Rogelio Velásquez nos decía: "cuidado con esta *carimba* que no solamente marcó nuestras pieles, sino que ha marcado nuestras mentes y continuamos con ese hierro en nuestras mentes". Estas palabras me han hecho pensar profundamente en esa carimba mental que llevamos impresa y que nos determina el comportamiento que asumimos dentro de la sociedad colombiana. No asumimos el comportamiento de hombres libres, sino que psicológicamente nos estamos comportando de acuerdo con esos dueños, los distintos dueños que de una u otra manera se han repartido nuestras vidas, nuestra capacidad de trabajo y nuestras riquezas.

2 Aparentemente, el concepto "afrodescendiente" fue institucionalizado durante la Conferencia Regional de las Américas en Santiago, Chile, del 4 al 7 de diciembre de 2000, en uno de sus documentos. En la página 10, declaración #11, bajo el título "Víctimas del Racismo", se declara:

> *Reconocemos* que en las Américas, las víctimas de racismo y discriminación racial, xenofobia y otras formas de intolerancia son los pueblos indígenas, los *afrodescendientes*, los migrantes y otros grupos o minorías étnicas, raciales, culturales, religiosas, y lingüísticas afectadas por esos flagelos.

"Los africanos y sus descendientes" están mencionados varias veces en el texto, pero esta es la primera vez para la palabra "afrodescendientes", en cuanto a repudiación y condenación de prácticas históricas.

"Afrodescendiente" es aparentemente un esfuerzo para crear una identidad común entre la gente de ascendencia africana. La conferencia en Chile dio ímpetu al término seguido por la 2001 World Conference en Durban, Sudáfrica, donde, en colaboración con las Naciones Unidas, declararon el Decenio Internacional de los Afrodescendientes 2015–2024. También contribuyó con sus recursos y talentos al "Decenio" la Agencia Española de Cooperación Internacional para el Desarrollo (AECID). Así llegamos a ser "afrodescendientes".

Obras citadas

Cuero Caicedo, D. (2006). *Tsunami: mitología y poesía*. G&R Producciones.

___. (2016). *Las huellas de la carimba*. Casa de la Cultura Ecuatoriana.

___. (2019). *Me quieren. . .quitar lo de negro*. Casa de la Cultura Ecuatoriana.

Entrevista a Diógenes Cuero Caicedo, (2012). "Hierve literatura afro en Ecuador", en diario *El Comercio*, 28 de julio 2012, http://www.elcomercio.com.ec/tendencias/cultura/hierve_literat ura afro.

Entrevista a Diógenes Cuero Caicedo, (2015), en *Panorama*, http://www.panorama.com.ve/ mundo/poeta ecuatoriano, 18 de junio 2015.

Moreno Parra, M. (2019). "Racismo ambiental: muerte lenta y despojo de territorio ancestral afroecuatoriano en Esmeraldas", en *Íconos*, vol. 64, pp. 89–110.

VI

LAS MUJERES HABLAN

POESÍA DE MUJERES AFROECUATORIANAS. ANTOLOGÍA (2012)

Esta colección de poemas contiene un excelente panorama de contribuciones de mujeres, quienes expresan su conocimiento y preocupaciones por la sociedad ecuatoriana. En la introducción a *Poesía de mujeres afroecuatorianas. Antología*, Jennie Carrasco Molina (coord.) escribe lo siguiente:

> La expresión de las mujeres afrodescendientes es muy diferente a la de las indígenas o las mestizas. Y entre las de las distintas regiones también hay diferencias que enriquecen su forma de decir, de escribir [. . .]. Temas de identidad, temas de equidad, de lucha por la tierra y el agua son los que comprometen a la poesía de estas mujeres. Y les hablan a los dioses de sus antepasados, a la diáspora africana y al mar, al color de la piel y el baile. Y es fuerte la fe en el Dios católico y el canto a sus favores (Carrasco Molina (coord.), 2012, 13).

Esta antología contiene poemas de mujeres que publican por primera vez, y algunas que han publicado libros, como Irma Bautista Nazareno, Chiriboga y Cortez Caicedo. En mi análisis no comentaré los mismos poemas dos veces, pero reconozco las autoras y sus poemas en dos contextos. La expresión de estas mujeres afrodescendientes es un discurso de empoderamiento, es el mismo que en las *Voces de las cimarronas*; es poscolonial y a la vez feminista. Algunas de las poetas han contribuido con poemas diferentes a las otras antologías estudiadas aquí. Los primeros tres poemas, "Fuerza en libertad", "Nadie nos puede frenar" y "Maravilloso momento", son el resultado del trabajo colectivo de varias mujeres. La publicación consta de trabajos hechos por quince poetas. En "Fuerza en libertad" colaboraron seis poetas; este traza la trayectoria histórica de la gente negra en su búsqueda de libertad y armonía. En la primera estrofa declaran:

Atrás muy atrás
llegan, avanzan
negros y negras
caen, se levantan (*Poesía de mujeres afroecuatorianas*, 2012, 15).

Avanzan para superar los obstáculos ante la necesidad de encontrar una vida mejor. Hoy están siguiendo la ruta trazada por los ancestros que, al "sembrar la caña de azúcar", han dejado un futuro, una "sensación de estar vivas / luz en el sendero". Esta historia colectiva termina en la solidaridad con "Espacio compartido" y "armonía naciente". Este encuentro entre el pasado y el presente representa:

Fuerza en libertad
mundo en movimiento
en busca de un sueño
que muchos anhelan (*Poesía de mujeres afroecuatorianas*, 2012, 16).

Es decir, hay optimismo de un futuro mejor construido sobre el trabajo de los ancestros. El siguiente poema profundiza el mensaje. "Nadie nos puede frenar", otra selección de cinco poetas; subraya la importancia de la solidaridad y la unidad. La voz lírica empieza con una descripción de la situación femenina y luego pasa a la situación negra general. La lucha ha sido dura:

El viento era muy fuerte
no podíamos parar
al mirar a mis hermanas
muy contentas al llegar (*Poesía de mujeres afroecuatorianas*, 2012, 17).

¿A dónde han llegado? ¿A la realización de su valor como seres humanos? El sentimiento de solidaridad es muy importante. Parece que hay en la unión de mujeres mucha energía y motivación para lograr mucho más: "Estamos enriquecidas / caminando sin cesar". Pero su motivación abarca un plan más amplio:

Para la unión no hay fronteras
que nos puede derrotar
si el pueblo afro se une
nadie lo puede frenar (*Poesía de mujeres afroecuatorianas*, 2012, 18).

La unión y la solidaridad son claves en el éxito del pueblo negro.

El otro poema acerca de la colaboración es "Maravilloso momento", escrito por seis poetas. Exalta la participación colectiva.

Te tengo entre mis dedos
sirves de portavoz
te descubrí en la experiencia
con mis hermanas negras (*Poesía de mujeres afroecuatorianas*, 2012, 19).

Lo que tiene ahora es el don de la palabra.

Las poetas abordan temas básicos de la antología. Entre los principales están la diáspora, las deidades africanas, los ancestros, Esmeraldas/la naturaleza, la identidad y la cultura popular. Colectivamente, las poetas examinan el intertexto cultural de los afroecuatorianos desde una perspectiva femenina. En el fondo es un análisis de la geografía negra del Ecuador que establece una relación entre el pasado y el presente, los seres humanos y la naturaleza, a la vez que interpreta la intrahistoria afroecuatoriana; o sea busca su "lugar" en el contexto nacional.

La diáspora

El poema "La diáspora" de Irma Bautista Nazareno examina esta experiencia fundamental en la experiencia negra. Es un poema con imágenes de violencia, crueldad y explotación del desarraigo. Después de afirmar el contexto de la dispersión, la voz lírica habla del "...execrable castigo / de condenar seres justos / y obligarlos a olvidar / Sus tierras, sus tradiciones" (2012, 36). Condena a los "salvajes tratantes" y a la práctica de tratar a los prisioneros como mercancía para vender y comprar. La resistencia de ellas fue un proceso mental y espiritual que utilizaron para resistir a la deshumanización, "camuflando sus orishas / para complacer a tantos / que les negaron poder" (2012, 36). Mantener viva la memoria de sus orishas era un aspecto muy importante del cimarronaje cultural durante la Travesía y el encuentro con las Américas. La historia de la diáspora africana en este poema está presentada como la resistencia, lucha, liberación y finalmente prosperidad. En las últimas estrofas la voz poética conecta aspectos de su diáspora con las de otras naciones.

"Aun se oyen llantos" de Argentina Chiriboga es otro poema que interpreta la diáspora africana y el impacto perdurable de la Travesía. La voz lírica informa:

Yo, ellas
somos símbolo de la diáspora
hablamos como en sueños
con los ojos sin luz
en las miradas
y horizontes colmados
de vacío (*Poesía de mujeres afroecuatorianas,* 2012, 51).

El intento de quitarles a los prisioneros su humanidad (en sueños, sin luz) es una imagen de la zombificación. Es una existencia de sonámbula en la cual todavía se percibe el látigo y el sentido de ser "encerrada en una inmensa jaula verde". Sudor y llanto son los recuerdos del cruce forzado del océano y las oraciones silenciosas que ofrecieron un escape de la brutalidad e inhumanidad de los traficantes. Bajo esas circunstancias, los africanos pusieron fe en sus dioses para sobrevivir. Pero "Aun se oyen los llantos" de los prisioneros africanos por haber abandonado físicamente, pero no espiritualmente, sus patrias. Pero la paradoja central del poema es "horizontes colmados / de vacío". ¿Cómo pueden ser "colmados" y "vacío" a la vez? La voz lírica está hablando de la falta de esperanza durante las experiencias de la esclavitud.

Dioses

En su poema "La diáspora", Irma Bautista Nazareno menciona "Sus orishas", que son una constante en los poemas de las otras poetas. "Deidades africanas" representa la contribución de Sulia Caicedo Vivas. Es más bien un catálogo de dioses del panteón africano. Empieza con la siguiente invocación:

Potentísimo Oshalá
rey de reyes en el trono
tu mundo del más allá
no olvides, tus hijos somos (*Poesía de mujeres afroecuatorianas,* 2012, 43).

Establece desde el principio una relación entre el mundo concreto (tus hijos somos) y el "más allá". Siguen Yemayá, diosa del mar, y Oshún, dios del agua. Pero es Oshalá, quien tiene responsabilidad de "la creación divina", quien recibe más elogios de la voz poética. En "Deidades africanas" nombra las deidades y elabora su contribución al panteón Yoruba.

Amada Cortez Caicedo reconoce los mismos dioses en "En las entrañas de Oshún", donde implora la llegada de la lluvia:

¡Oh madre mía
que sales de las entrañas!
y caes gota a gota
dulce como la miel (*Poesía de mujeres afroecuatorianas,* 2012, 60).

Aunque Oshún es el sujeto del poema, colabora con Oshalá para traer agua después de actos destructivos. Es una tarea colaborativa entre Oshún y Oshalá para asegurar el agua, el elemento que da vida a los seres humanos y al universo. Por medio del apóstrofe, la voz poética ("oh madre mía"/"reina mía") establece una relación personal con los dioses del panteón Yoruba.

Estas poetas siguen la tendencia de agrupar los dioses en sus obras. Empiezan por invocar un dios y después llaman a varios. Es el caso de María Luisa Hurtado Angulo en "Yemayá":

¡Oh Yemayá divina!
el día dos de febrero
te llevaré a pasear
Virgen de la Candelaria
¡Oh mi diosa de la mar! (*Poesía de mujeres afroecuatorianas,* 2012, 80).

Aquí la voz lírica contextualiza el rito dedicado a la diosa del mar que los practicantes observan el 2 de febrero; el mismo consiste en ir al mar a rendir homenaje y hacer ofrendas a Yemayá. El poema describe el rito, hasta el color blanco. Hay sincretismo religioso aquí con Yemayá y la Virgen de la Candelaria, conocida popularmente como la Morenita en Ecuador y en otros países. En la última estrofa la voz lírica busca la paz en el mundo. Esta afinidad por el panteón Yoruba sigue en "Obatalá" de Mercedes Vargas Estacio. Reconoce que los dioses dan vida, ofrecen protección, esperanza, milagros y la posibilidad de paz. Temáticamente es lo que tienen en común "Yemayá" y "Obatalá", según ella.

Si un poema puede resumir las ideas expresadas en los otros poemas que tratan el tema del panteón, es "Orishas" por Cinthia Jiménez Cortez el que empieza con una invocación:

> Señora de mares profundos
> nocturna luminosidad
> transportas nuestras almas
> al encuentro inesperado
> con los antepasados (*Poesía de mujeres afroecuatorianas,* 2012, 85).

Esta primera estrofa se refiere a la muerte, la transición entre el mundo de los sentidos y el "más allá" a manos de las orishas. Esta "Señora de mares profundos" es una combinación de Oshún, Oshalá y Yemayá. Los dioses africanos y el mar son elementos fundamentales de la diáspora africana y algunas religiones de hoy en día. Estas poetas se dan cuenta de su importancia y, a través de sus versos, articulan su entendimiento y gratitud, fundamentales para la memoria colectiva.

"Iansá", de Yirabell Cortez Montaño y "Oshún es el motivo", de Natali Gudiño Mina Mascarilla, también tratan el tema de las deidades africanas. "Iansá" evoca su presencia en primera persona:

> Soy la reina de los vientos
> que arrastra tempestades
> provocando relámpagos
> en la oscuridad (*Poesía de mujeres afroecuatorianas,* 2012, 69).

Es una fuerza poderosa que evoca temor y confusiones entre los animales y la naturaleza. Parece que tiene el mismo papel que Changó (vientos, tempestades, relámpagos, tormenta).

"Oshún es el motivo" de Gudiño Mina Mascarilla ofrece una visión opuesta. Está descrita de esta forma:

> Bruja misteriosa
> sigue dando bienestar
> te refugias en tu templo
> de sabiduría al brindar (*Poesía de mujeres afroecuatorianas,* 2012, 48).

Mientras Iansá es la diosa del ocaso y la destrucción, Oshún es sugerente de reconciliación, por lo menos en estos dos poemas. ¿Por qué prestan tanta atención a los dioses africanos estas autoras que son en su mayoría católicas? Es probablemente memoria ancestral y paralelismo entre los santos católicos y las orishas africanas en sus hechos y responsabilidades. Son mitos y leyendas que sostienen los creyentes en el mundo al rendir homenaje a los dioses de los ancestros.

Ancestros

Los ancestros es otro tema que comparten las poetas de esta antología. "Nuestros ancestros" de Sulia Caicedo Vivas, "Entre reyes y princesas" de María Barbarita Lara Calderón y "Mi negra ancestral" de María Luisa Hurtado Angulo son algunos ejemplos. "Nuestros ancestros" comienza con una afirmación del color: "soy negra del Ecuador / sí, Dios nos dejó benditos" (2012, 47). En este poema, escrito en cuartetos, la voz poética afirma la importancia del color en la identidad, lo considera una bendición de Dios y sostiene "sólo defiendo mi etnia". Además, historiza la experiencia de la gente negra desde la Travesía hasta el presente, y comienza de esta forma: "llegaron nuestros ancestros / con cadenas pa' arrastrar" (2012, 47). Luego de la llegada como prisioneros y mercancía, los africanos fueron convertidos en esclavos "de los blancos españoles" y fueron maltratados y explotados. Pero los ancestros no aceptaron esa situación y se resistieron a la humillación que sufrieron.

La voz lírica todavía sigue contando el impacto de la experiencia de los ancestros y las atrocidades que sufrieron. Es tan visceral que no se puede ocultar la pena ni borrar los recuerdos. Los blancos no tienen idea: "nos miran y aun se mofan / lo que no saben es / que van a la misma fosa" (2012, 49). En este cambio de enfoque, la voz poética nos hace recordar que negros y blancos tienen el mismo destino final y comparten un origen común, "que somos la misma raza" (2012, 49). Es decir, que hay solamente una raza, la raza humana, y concluye: "lo único que yo sé / que hay un Dios que nos creó" (2012, 50). Todos somos hijas e hijos de Dios. Esta afirmación de la humanidad de los negros y sus ancestros estuvo ausente en el pensamiento de los esclavistas. "Mi negra ancestral", de Hurtado Angulo, rinde un homenaje:

> Mujer, mujer, mujer
> mujer afrodescendiente
> ébano angelical
> nariz ancha, labios gruesos
> sabor a fruta tropical
> ¡Oh mi negra ancestral! (*Poesía de mujeres afroecuatorianas,* 2012, 81).

El poema es un retrato de la belleza duradera de la mujer africana. Es una descripción física de la mujer que ha engendrado este grupo étnico y de su perfil majestuoso, desde la cara hasta los pies, en armonía con la naturaleza que estimula los sentidos de la vista y el gusto. La anáfora "¡Oh mi negra ancestral!" sugiere que siempre existirá en el tiempo y en los recuerdos.

"Entre reyes y princesas" de Lara Calderón da un sentido de nobleza a la experiencia ancestral. Combina el pasado y el presente al utilizar la metáfora de las flores para ilustrar la relación entre lo divino y lo mundano:

> África dio a luz su gente
> entre reyes y princesas
> que a las Américas llegaron
> a pintarlos de colores
> con su trabajo y su fuerza
> sus deidades y sabores (*Poesía de mujeres afroecuatorianas,* 2012, 90).

Los colores tienen sus pares homólogos en las flores que inspiran la diversidad y la hermandad. Entre flores y colores, las rosas son la clave:

> Lo divino de las rosas
> inspira con sus colores
> el rojo invoca a Changó
> el blanco es a Yemayá
> el amarillo a Oshún
> con su gran feminidad (*Poesía de mujeres afroecuatorianas,* 2012, 90).

O sea, el trabajo y la fuerza tienen su inspiración en la rosa y sus colores, que invocan a los dioses del panteón africano. La rosa, como metáfora y por medio de sus distintos colores, incorpora el simbolismo femenino de guerra, paz y armonía a la vez.

"Alma ancestral" de Aida Bautista Nazareno es un recuerdo en el que la abuela está en el centro de los pensamientos. La voz lírica, ya adulta, evoca su feliz niñez bajo la mirada de la abuela: "risa, alegría contagiaba" (2012, 26). Este poema da título a la colección de obras en esta antología, y sirve para asegurar la continuidad entre las generaciones, o sea, de una niña a una "mujer humilde entre la gente". La imagen de la abuela, esta "alma ancestral", es una figura arquetípica de fuerza, sabiduría y perseverancia, según la voz lírica, y pilar de la familia y la comunidad.

"Encuentro con las abuelas" de Irma Bautista Nazareno también elogia a los ancestros. Las abuelas no son solamente "energía" y "alegría", también tienen "muchos dolores". En vez de pensar en esos dolores y dejarlos determinar la trayectoria vital, afirma:

> Las abuelas me entregaron
> perdón y sabiduría
> enseñanzas ancestrales
> legado de la armonía (*Poesía de mujeres afroecuatorianas,* 2012, 33).

Según la voz lírica, las enseñanzas de las abuelas están orientadas hacia un futuro de convivencia. Este poema, como todos los poemas dedicados a los ancestros, articulan la importancia de los antepasados para la sobrevivencia de las generaciones subsiguientes. Para estas poetas, la abuela, con su sabiduría y fortaleza, aseguró la continuidad étnica y cultural del pueblo.

Esmeraldas y la naturaleza

Una preocupación de las poetas incluidas en la *Poesía de mujeres afroecuatorianas* es Esmeraldas, su situación como sede de la cultura afroecuatoriana y el impacto de la globalización y la modernización en la provincia. "Esmeraldas" de María Luisa Hurtado Angulo, "Belleza impenetrable" de Yirabell Cortez Montaño, "Naturaleza vida" de Leiny Viveros Espinoza y "Las concheras" de Luz Argentina Chiriboga reflejan estas tendencias y preocupaciones ecocríticas.

"Esmeraldas" de Hurtado Angulo se compone de diez versos que elogian las virtudes naturales de la provincia, sus ríos, sus campos verdes, la gente y la cultura popular: sobre todo la música y "...tus mujeres de ébano tropical" (2012, 79). Esta imagen de una Esmeraldas encantada, un paraíso, es un tema constante de estas poetas.

"Belleza impenetrable" de Cortez Montaño sugiere que hay una Esmeraldas más profunda debajo de las imágenes de la superficie. En la primera de las cuatro estrofas escribe:

> Selva
> belleza impenetrable
> creadora de universos
> abrimos nuevos senderos
> para poderte explorar (*Poesía de mujeres afroecuatorianas,* 2012, 70).

La voz lírica, por medio del apóstrofe, sugiere que hay una necesidad de explorar otras maneras de acercarse a la selva, en vez de siempre explotarla. Allí se pueden encontrar distintos pueblos, culturas y maneras de percibir el universo.

La voz lírica reconoce que la selva posee:

Riqueza del pueblo negro
guardas miles de secretos
con tus frondosas manos
nos cobijas al pasar (*Poesía de mujeres afroecuatorianas,* 2012, 70).

El pueblo negro no solamente ha recibido recursos materiales de la selva, como oro, madera y medicina, entre otros, también sirvió como un refugio para los cimarrones, los ancestros. En la última estrofa expresa su identidad como "Negra esmeraldeña", orgullosa, que advierte "Cuidemos de nuestros bosques / que nos dan vida y calor" (2012, 70).

"Naturaleza vida" de Viveros Espinosa representa el ambiente como una entidad viva y calma, en armonía con los seres humanos. La voz poética encuentra allí un lugar donde escapar de lo que la rodea, en compañía de las aves, el viento y el agua, "acontecer de vida" (2012, 133). Con los sonidos y los olores está frente a una naturaleza que debe apreciar, respectar y gozar.

"Las concheras" de Chiriboga interpreta la experiencia de las mujeres que buscan moluscos en los manglares para procurarse trabajo y sustento. El poema trata de la dificultad del proceso y la determinación de las mujeres; es similar al poema de Cuero Caicedo en el que trata el mismo tema. En "Las concheras", los manglares y su alrededor están vivos, compartiendo la experiencia de buscar moluscos con las mujeres con "manos hormigueantes" y "dedos de raíz" en el vientre oscuro del manglar (2012, 53). Es una fusión ecocrítica del ser humano con la naturaleza.

En condiciones desafiantes, las mujeres trabajan y buscan sobrevivir y mejorar su vida. Es una relación simbiótica en un ambiente hostil. El sol, los mosquitos, pero sobre todo el agua salada, afectan sus cabellos, sus brazos, sus muslos, "la sal crece, crece, devora / como monstruo insaciable" (2012, 53). La sal tiene un impacto negativo duradero en la salud de las concheras. No es solamente la sal, también "la muerte sigue sus pasos" en la cosecha. Pero, a pesar de los obstáculos, "se vuelven capitanes del silencio litoral" (2012, 53). Es decir, las mujeres controlan su destino por medio de su labor y relación con la naturaleza.

Pero, al elogiar a las mujeres y su trabajo, Chiriboga advierte sobre la explotación del propio entorno en la décima "A los amigos queridos". En un apóstrofe apasionado pide interés para "salvar la humanidad". Entre los problemas que señala, la voz lírica menciona el "calentamiento global", "Las prepotentes potencias / que echan gases por doquier" y "La contaminación / del agua, el aire y el suelo" (2012, 59). Es responsabilidad de los maestros educar a la gente sobre el peligro, porque "el viento no sabe leer". Pero es difícil combatir la destrucción del medio ambiente ante el esfuerzo capitalista de hacer más plata. Como las voces en la introducción, en esta obra las mujeres demuestran reverencia hacia la naturaleza y su papel central en la vida.

Identidad

Muchas de las autoras tratan el tema de la identidad femenina y étnica: Amada Cortez Caicedo ("Realidades"), Natalí Gudiño Mina Mascarilla ("Revelación"), Miriana Mina ("Yo"), Yonny Nazareno Pozo ("La importancia de mi ser"), Celeste Rodríguez Méndez ("Negra caliente") y Mercedes Vargas Estacio ("Esencia de mi ser").

En "Realidades" de Cortez Caicedo, la inocencia de la niñez se ha transformado a través de los años en un reconocimiento de la desigualdad social sobre la base del color y la etnia. "Realidades" es una forma de protestar y afirmar la identidad al darse cuenta de las situaciones sociales. Sus afirmaciones se basan en la verdad histórica que afirma e interroga la voz lírica:

La sociedad nos hizo invisibles
y nosotros lo aceptamos
¿por qué juntos no luchamos
por este legado ancestral? (*Poesía de mujeres afroecuatorianas,* 2012, 62).

Hay una llamada a "caminar" y no a "deambular". Y termina diciendo una verdad histórica:

Pues quién no sabe a dónde va
nunca sabrá de donde viene (*Poesía de mujeres afroecuatorianas,* 2012, 62).

Es decir, no se puede separar el pasado del presente si se quiere conocer mejor el futuro y a sí misma.

"La importancia de mi ser" de Nazareno Pozo y "Esencia de mi ser" de Vargas Estacio abordan el mismo tema: la autoestima. Es un proceso de descubrimiento, tal como se revela en el primer poema de Nazareno Pozo:

Primera vez recorrí
el interior de mi cuerpo
y allí fue que descubrí (*Poesía de mujeres afroecuatorianas,* 2012, 102).

En estas coplas, la voz poética descubre que su existencia en este mundo es importante después de mirar adentro y observar su valor como ser humano. Esta importancia no está limitada a una sola persona, sino a la comunidad también (a lo nuestro).

En "Esencia de mi ser" de Vargas Estacio, la voz lírica expresa su alegría a través de la música y la danza inspiradas por el viento:

Mujer afrodescendiente
¡ay! suave viento
con tu melodía oculta
aflora la esencia de mi ser (*Poesía de mujeres afroecuatorianas,* 2012, 122).

Es una afirmación de la identidad negra en armonía con la naturaleza, que destaca la grandeza de este ser humano. En estos dos poemas que se tratan de "mi ser", las voces miran adentro para establecer su autoestima y no percepciones externas.

En "Yo" de Miriana Mina, hay un retrato del cuerpo entero de la mujer. Los pies y las piernas "…soportan / los caminos recorridos / donde renuevo la vida" (2012, 97). Hay un "Corazón que ama y respira / brazos y manos / generan tareas importantes". En la última estrofa se refiere al "Rostro de los sentidos" / "apropiándose del mundo" y termina con la afirmación "eso soy", que completa la identidad de la voz que había iniciado con "soy mujer", el primer verso del poema. Estos poemas mencionados de la identidad destacan a poetas que controlan la imagen que proyectan de su cuerpo y su etnia, e intentan afirmar la importancia de la mujer en la construcción de la identidad negra.

"Revelación" de Gudiño Mina está escrito en el mismo tono, en un registro popular:

Dicen que las negras
sólo sirven pa' baila
les voy a demostrá
que servimos pa' triunfa (*Poesía de mujeres afroecuatorianas,* 2012, 73).

La voz poética intenta deconstruir las percepciones erróneas de que las negras están destinadas al trabajo y a la cultura popular. Al principio establece una situación binaria que se sostiene en todo el poema. "Triunfá" y "Librá" están yuxtapuestas a "los patrones" y a "esclava negra". Las cuatro estrofas trazan la trayectoria de la negra desde la esclavitud hasta la "libertá", "gracias a Yemayá" (2012, 73). Según el poema, la combinación de fuerzas mundanas y divinas logró el triunfo y, a su vez, terminó con uno de los estereotipos predominantes de las negras.

Cultura popular

La cultura popular es también un tema muy abordado por las poetas. Los mitos, las leyendas, los personajes históricos, la música y el baile de las poblaciones negras subrayan una dimensión importante de su producción literaria. "El sandunguero" (el Riviel) de Aida Bautista Nazareno, "Pollito negro" (la Gualgura) de Yirabell Cortez Montaño, "El caballero" (el Duende) de Cinthia Jiménez Cortez, "Confunde los caminos" (la Tunda) de Yonny Nazareno Pozo son poemas que tratan los mitos populares de Esmeraldas y de la gente negra en general. Al hacerlo, sitúan la comunidad en torno a algunas figuras que comparten.

"El sandunguero/Riviel" de Bautista Nazareno es un "ser de leyenda de Esmeraldas" (2012, 29). El poema narra la historia de un hombre al que le encantaba sandunguear, es decir, bailar y parrandear, que era el mejor en estas actividades. Pero una noche cae ebrio de su canoa al agua y muere. Está muerto físicamente, pero todavía existe en la mente de la comunidad:

> Alma que no está quieta
> porque se quiere vengar
> se propone asustar
> y aparece disfrazada
> Con linterna en la cabeza
> para el camino alumbrar
> al navegante que pase
> hacerle naufragar (*Poesía de mujeres afroecuatorianas,* 2012, 29).

Aunque no esté satisfecho con la muerte, según la leyenda, el sandunguero intenta proyectar su miseria desde la tumba al mundo. Disfrazado, no solamente desea asustar, sino también vengarse y provocar el naufragio de los navegantes; así queda vivo en la mente colectiva del pueblo como una imagen que inspira temor.

"Pollito negro" (Gualgura) de Cortez Montaño es otro ser de leyenda esmeraldeña que funciona más o menos como el sandunguero, es decir, asusta a la gente, especialmente a los niños. "Pollito negro y perverso" es la descripción de esta entidad que engaña y secuestra los niños:

> En las noches muy oscuras
> los llevan por el bosque
> se convertía en un monstruo
> provocando a unos la muerte
> y otros, locos, espumeaban (*Poesía de mujeres afroecuatorianas,* 2012, 71).

Las dos figuras míticas/legendarias, el Riviel y la Gualgura, según la voz lírica, son manifestaciones fantásticas de una situación que no se puede explicar con la lógica. Son productos de la mentalidad colectiva del pueblo. Pero la situación del secuestro de los niños está resuelta:

> Rociándoles agua bendita
> y oraciones que rezaban
> los cristianos
> a la vida regresaban (*Poesía de mujeres afroecuatorianas,* 2012, 71).

Este dilema fantástico tiene, irónicamente, una resolución religiosa. En este caso, la religión triunfa sobre la fantasía popular. Para los creyentes, la idea de la Gualgura está viva y es fundamental para la continuidad de aspectos de la cultura tradicional y comunal.

"El caballero" (el Duende) de Jiménez Cortez tiene mucho en común con los dos personajes anteriores de las leyendas esmeraldeñas. Es mujeriego como el sandunguero, y aficionado al hurto como la Gualgura. El caballero,

> Disfruta de conquistas
> no quieren, se pone bravo
> y busca la manera
> de por las noches llevarlas (*Poesía de mujeres afroecuatorianas,* 2012, 88).

La identidad del duende no está establecida. "¿Quién será este caballero?, ¿y qué será lo que quiere?" son las preguntas latentes, no contestadas. Esta figura, como la Gualgura y el Riviel, existe únicamente en la mente colectiva del pueblo como un mito unificador que ha persistido por siglos.

"La Tunda", presentada en "Confunde los caminos" de Nazareno Pozo, es otro importante "ser de leyenda esmeraldeña". A diferencia de los otros poemas que tratan acerca de los mitos y leyendas esmeraldeñas, esta voz lírica habla de experiencias personales en relación con la Tunda. Empieza por decir:

La tunda es una visión
que vive en las montañas
se aparece a un familiar
a tal punto te engaña (*Poesía de mujeres afroecuatorianas,* 2012, 104).

Esta primera estrofa es una paradoja. Como visión, en vez de entidad concreta, ¿cómo puede "vivir" y no meramente "existir" en las montañas? "Te engaña" es la clave. El poema menciona varios contactos con la tunda. "Tía Josefa" y "Mi madre" compartieron unos días con la Tunda, pero a ellas nada les hacía. Parece que está buscando compañía. A pesar de comenzar el poema diciendo que "la tunda es una visión", la voz lírica afirma en la última estrofa:

No es la imaginación
son personajes que existen
mis ancestros lo vivieron
y compartieron conmigo
por eso yo lo mantengo (*Poesía de mujeres afroecuatorianas,* 2012, 105).

La Tunda permanece viva y es importante en la memoria colectiva del pueblo. Ha existido a través del tiempo, entre la realidad y la fantasía, en la lírica y la cultura popular. No tiene origen concreto, solamente existe. Estas entidades, la Gualgura, el Riviel, el Duende y la Tunda son manifestaciones de lo fantástico en la cultura afroecuatoriana. No hay explicaciones lógicas a sus orígenes, presencia o actividades. Existen y tienen papeles importantes en las creencias y las cosmovisiones del pueblo. Como otros mitos, sirven para unificar a la gente no solamente en momentos de crisis, sino también en sus creencias comunes.

"Los compadres (el Diablo, la Tunda y el Duende)" de María Luisa Hurtado Angulo es una síntesis de las actividades y la presencia de estos "seres de leyendas esmeraldeñas". Este poema describe el encuentro entre Mamá Cleofé y los compadres mientras cosechaban café:

Eran el diablo, la tunda, el duende
compadres de la maldá'
hablando de los cristianos
que se querían llevá (*Poesía de mujeres afroecuatorianas,* 2012, 82).

La voz poética describe los atributos positivos de cada uno de estos seres en su búsqueda de compañía: "el diablo haciendo alfombras", la Tunda "mostrando su para é palo / su canasto é camarón", y el Duende "que enamora / a toda mujer que ve" (2012, 82). Miedosa, Cleofé huyó implorando la ayuda de Dios frente a la maldad de los compadres. Aquí la relación entre la realidad y la fantasía es inseparable. Estas tres leyendas tienen en común una base mítica que sirve para unificar la comunidad a partir de las experiencias colectivas que datan de los ancestros africanos. "Los compadres" representa una síntesis de las actividades, reales o imaginadas, de tres figuras principales de la mitología de Esmeraldas.

"Mi bomba" de Gudiño Mina y "Negra caliente" de Celeste Rodríguez Méndez tratan del baile y el cuerpo de la mujer negra, dos importantes aspectos culturales. El primer poema de Mina empieza:

> Cuerpo gozoso
> armonía sin igual
> esta es mi rica bomba
> bomba pa' Yemayá (*Poesía de mujeres afroecuatorianas,* 2012, 74).

Las otras dos estrofas describen el cuerpo, los sonidos y los sabores durante la bomba, un baile ritual que se originó probablemente con los primeros ancestros. El instrumento y el baile llevan el mismo nombre y tienen su origen en el Valle del Chota. Integran un rito cultural popular de la población negra, conectando el pasado y el presente a través de llamadas y respuestas. En "Negra caliente" de Rodríguez Méndez, la voz lírica observa una bailadora de bomba y sus movimientos hipnotizantes. Dice "Eres del valle del Chota / con carisma de la bomba" (2012, 118). Este baile /rito evoca memorias ancestrales que, para la voz poética, "son misterios que me suenan" (2012, 118).

"Culturas" de Viveros Espinoza es un poema que ofrece una interpretación amplia del concepto, al enfatizar la armonía, el bienestar y el progreso. Imagina un "Mundo cultural lleno de vida / enjambre de etnias" (2012, 135). La voz poética reconoce el pasado difícil de luchar y sufrir y el papel de la fe en el progreso: "los dioses acompañan / ambición y poder". Ahora, estas "culturas descendientes" están listas para aprovechar la paz y el bienestar. Es una visión optimista de un pueblo que todavía no ha logrado sus objetivos, pero hay esperanza.

"El baile de la marimba" de Irma Bautista Nazareno vincula el instrumento y el baile a la tradición ancestral y a la supervivencia cultural. La voz poética exclama:

> ¡Ay! Cómo gozo este ritmo
> legado a mis ancestros
> va invadiendo mis sentidos
> hasta hacérmelos saná' (*Poesía de mujeres afroecuatorianas,* 2012, 34).

Más que una actividad profana ("Viajo a los campos sagrados"), la voz lírica percibe este ejercicio, no solamente como un baile, sino como un rito ancestral, una ceremonia cultural basada en el pasado africano. Hay una simbiosis entre instrumento, música y cuerpo en el baile de la marimba:

> Con su ritmo sin igual
> haciendo gran expresión
> de la música en el cuerpo
> movimiento aquí y allá
> uniéndome a los ancestros (*Poesía de mujeres afroecuatorianas,* 2012, 34).

Este baile de la marimba es una expresión contemporánea de un rito rítmico basado en la cultura africana ancestral del pasado como la bomba. Simboliza una conexión con ellas. Es evidente que Irma Bautista Nazareno juega un papel importante en la producción literaria de las mujeres y sus actividades sociales. Por esta razón, he incluido sus poemas con varios temas como los de María Luisa Hurtado Mendoza y Amada Cortez Caicedo.

¿Futuro?

"Las preguntas" de Irma Bautista Nazareno se ocupa, como la mayoría de las poetas, de la omisión histórica de la población afroecuatoriana en el contexto nacional. Se construye el poema alrededor de preguntas retóricas. La primera de las cuatro estrofas pregunta: "¿por qué en libros de historia / No, nos dejan conversá?" (2012, 38). Lo que sigue es un cuestionamiento del lugar asignado a los afroecuatorianos. La voz lírica ofrece una exploración apasionada del legado nacional del racismo y la discriminación. La segunda estrofa es la más convincente:

> Si el Ecuador confirmó
> como plurinacional
> y nuestra constitución
> se dice intercultural
> ¿por qué es que en la educación
> se no' ha dejao afuera? (*Poesía de mujeres afroecuatorianas,* 2012, 38).

La voz lírica, con un registro popular (se no' ha dejao afuera) para diferenciarse de la retórica oficial, sugiere que los sistemas históricos y educativos han borrado, hasta cierto punto, a la población negra, y que la etnoeducación puede ser parte de la solución. Pero persiste la pregunta, "¿Qué será lo que ha pasao?", que son tratados sin respeto por la cultura "sin reconocer que somos / parte de esta gran nación" (2012, 38). Su inclusión en la historia y el sistema de educación serían el primero paso para reconocer la importancia de los afroecuatorianos al ethos nacional, pero de acuerdo con sus propias condiciones y exigencias.

Poesía de mujeres afroecuatorianas: antología en su totalidad representa una afirmación de la importancia de la cultura literaria negra femenina para las letras ecuatorianas. Colectiva e individualmente expresan sus interpretaciones de la historia oficial y la intrahistoria en esta radiografía del país, donde las negras aparecen en el centro, y no al margen del discurso. Así cumplen con las palabras articuladas en la introducción, en cuanto a su contenido femenino y diaspórico. Son voces de las distintas provincias del Ecuador: Esmeraldas, Imbabura y Carchi, principalmente. Los cinco componentes de la cultura afroecuatoriana discutidos por las autoras —diáspora, ancestros, naturaleza, identidad y cultura popular— forman la esencia de las experiencias negras poscoloniales y feministas del Ecuador y son articulados en esta antología.

La importancia de *Poesía de mujeres afroecuatorianas. Antología* es que muestra una visión compartida, con el propósito de dar a conocer, colectivamente, algunas de las preocupaciones de las afroecuatorianas, que expresan por medio de sus versos. Afirman la presencia y conocimiento de su identidad como una cohorte indispensable en la cultura y la nación al demostrar su percepción de la historia y la sociedad del Ecuador.

Obra citada

Carrasco Molina, J. (coord.). (2012). "Mujeres de ébano y gloria", en *Poesía de mujeres afroecuatorianas: antología*, Ministerio Coordinador de Patrimonio. Esta antología fue publicada en *Scribd*, en 2018, con el título de *Alma ancestral: antología de poesía de mujeres afroecuatorianas.*

VII

JOSEFINA MARTÍNEZ GODOY Y DOS NUEVAS VOCES

CARMEN CRISTINA HURTADO QUINTERO Y MÁXIMA ANGULO BORJA

Estas tres poetas tienen en común su reverencia a la provincia de Esmeraldas y sus interpretaciones de experiencias personales, de la comunidad y del mundo. En cuanto al estilo y la técnica, su poesía es similar en el manejo de las figuras retóricas y los temas. Claro, Martínez Godoy es mayor y hay ecos de su poesía en las obras de Hurtado Quintero y Angulo Borja. Es un tipo de intertextualidad cultural manifestado en versos de emoción y pasión.

Josefina Martínez Godoy es una destacada poeta afroecuatoriana, conocida en varios países hispanoamericanos por su participación en festivales y congresos literarios. Además de los poemas publicados en la revista *Tierra Verde*, "Tierra fecunda", "Prado" y "Encanto" y su análisis en la introducción, es autora de dos libros de poesía: *Del silencio a la palabra* (2013) y *Evocación y olvidos* (2016). En sus poemas Martínez Godoy demuestra una destreza temática y técnica impresionante que incluye, pero no se limita, a la experiencia negra, el enfoque de este análisis. En *Del silencio a la palabra* la poeta avanza de una situación sin voz a ser una exponente de lirismo interpretando sus experiencias personales, así como sus preocupaciones mundanas. La mayoría de los poemas de *Evocación y olvidos* tratan la pérdida y la memoria (olvidos). El título es una paradoja, una afirmación y a la vez una negación asociadas con los recuerdos del amor, la familia, la cultura, los ancestros —perdidos, pero recuperados por medio de la memoria—.

Martínez Godoy da al lector unas ideas de cómo ella concibe de su poesía en el poema "Mis versos":

> Atraparé palabras armoniosas,
> que deslumbren
> más allá de las nubes,
> cuyo eco armonioso estremezca
> el durazno de mi piel almibarada
> y en el solitario firmamento
> del interior de mi valle
> encantada
> tejeré con ellas ilusiones y deseos
> entramaré mis versos, cargados de ternura
> cargados de emoción.
> Ellos serán mi voz, mensajeros de la vida
> fieles compañeros en mi ruta
> mis amantes secretos, nidos de amores,
> cómplices de aventuras
> inseparables amigos eternos (Martínez Godoy, 2016, 28).

Este "arte poética" es un resumen de cómo la voz poética percibe el proceso creativo y su impacto verbal. "Atraparé palabras armoniosas / que deslumbran / más allá de las nubes" indica que su poesía no está limitada a preocupaciones mundanas, sino a lo espiritual. Sus versos están construidos a base de ilusiones y deseos, cargados de emoción y ternura, y representan la esencia, lo íntimo de su ser. Estas actitudes humanistas penetran la poesía de Josefina Martínez Godoy y están extendidas a sus compatriotas: Carmen Cristina Hurtado Quintero y Máxima Angulo Borja.

Del silencio a la palabra (2013))

Este libro se divide en cuatro secciones: "Luces inextinguibles", "Evocación", "La ruta de la angustia" y "Los ensueños de Eros". Abarcan los grandes temas de la poesía como el amor, la naturaleza, la familia, el universo, los seres humanos y la patria. Siguiendo el propósito de este estudio, voy a analizar "Esmeraldas", "Muisne", "Herencia" y "Niños negros".

"Esmeraldas" evoca la misma imagen de la provincia verde paradisíaca que aparece en muchos de los poemas anteriormente discutidos. Está presentada en sus contextos naturales y étnicos:

Con el alegre jolgorio,
signo de tu negritud,
que en la marimba sonora,
encuentra su ritmo y su son (Martínez Godoy, 2013, 25).

El apóstrofe es efectivo para captar los sentimientos de la voz poética hacia su tierra natal, donde el mundo natural y el humano están en armonía. Bendecida por el cosmos, Esmeraldas es distinta de otras provincias y ciudades debido a sus tesoros naturales y humanos; es también la cuna de héroes como Vargas Torres.

"Muisne" es el cantón de la poeta y un aspecto íntegro a la memoria de la voz lírica de la niñez a la madurez. En sus reflexiones recuerda "el encanto paradisíaco" de "esbeltas palmeras", "suave arena", "azulado mar", "la inmensidad del manglar", todos aspectos naturales de Muisne mirado a distancia por la voz lírica. Incluye la labor de "las humildes concheras", que cosechan las frutas del mar en esta "Tierra de promisión, sueño y ensoñación" (2013, 27). Muisne, como el resto de Esmeraldas, tiene muchas posibilidades y promesas, pero ¿va a lograr sus objetivos? Es la interrogación implícita en esta obra de tendencia ecocrítica.

"Herencia" es un poema de origen y presencia. El poema comienza invocando una danza y melodía "de acento ancestral" (2013, 34). El abuelo es el protagonista del poema, que recuenta aspectos de la experiencia negra en la diáspora:

Los hombres alegres
de piel muy oscura
que un día llegaron
con mucha ansiedad
y al verdor del bosque
felices abrazaron
y amaron por siempre
a la libertad (Martínez Godoy, 2013, 34).

El abuelo recuerda su encarcelamiento a bordo del barco que transportaba a los prisioneros del viejo país. Todavía recuerda vistas, sonidos, olores, sabores de la Travesía. Al llegar a una tierra desconocida, primero había aprehensión al "enfrentarse con la nueva realidad física, "pero poco a poco aprendieron a utilizar el "verdor del bosque" como un refugio para establecer sus palenques, primeros pasos a la libertad, la mejor "herencia" que dejó el abuelo. La danza señalada al principio del poema, con el ritmo y los tambores, son elementos fundamentales de la herencia africana ancestral.

"Los niños negros" del poema siguiente son herederos de esta cultura, pero la voz lírica se da cuenta de que el futuro será difícil y su situación resulta muy desafiante. En cuanto a los niños: "Los miro en la esquina de la angustia, / y sus lánguidas voces me alcanzan" (2013, 47). La voz lírica se identifica con los niños y su mala condición, pero no tiene la capacidad de efectuar cambios. Internaliza la frustración al darse cuenta de que ella es parte del problema y no de la solución. Su empatía es noble, pero los niños necesitan acciones concretas o van a perder algo de su humanidad e identidad a causa de sus experiencias de pobreza.

"Tierra fecunda", "Prado", "Encanto", "Esmeraldas", "Muisne", "Herencia" y "Niños negros" son poemas de Josefina Martínez que interpretan la realidad de muchos aspectos de la cultura afroecuatoriana. Como los otros escritores estudiados en esta obra, ella también trata los temas de lugar/desplazamiento, cimarronaje cultural, resistencia e identidad, a veces más sutil que sus compatriotas. Las preocupaciones articuladas en *Del silencio a la palabra* siguen en *Evocación y olvidos.*

Evocación y olvidos (2016)

El libro está dividido en 6 secciones: "Ventana de mi negritud", "Soledades", "Poemas para pensar", "Querencias", "Inquietudes y desvelos" y "Poemas, deseos y algo más". También ejemplifican la diversidad temática, estilística y estructural de Josefina Martínez Godoy. Analizo cuatro poemas de la sección "Ventana de mi negritud": "Ventana de mi negritud", "Noche esmeraldeña", "Mis ancestros" y "Evocación"; todos de temática poscolonial.

Los poemas de "Ventana de mi negritud" siguen la tendencia de la poeta a interpretar aspectos de la naturaleza, la cultura negra y la identidad. El poema del mismo título afirma la presencia del negro ecuatoriano en su contexto cultural. El abuelo es la mejor inspiración:. . .

> Y nos legó su herencia
> cargada de costumbres
> hilvanadas en noches de luna
> entre cantos y poesías
> relatos y mitos,
> entre la cachimba y las hierbas
> en el jolgorio del palenque.
> Tejidas en las trenzas de la negra
> que en la barraca era la reina

y de su ternura infinita nacían
ilusionados los angelitos negros
que hoy extrañan al abuelo
y asoman sus caritas negras
por la ventana ancestral (Martínez Godoy, 2016, 17).

Una mirada a través de la "Ventana" étnica de la voz lírica nos da ideas sobre la cosmovisión de la poeta. Su obra étnica se basa en lo ancestral, la tradición oral de la cultura afroecuatoriana. Hay una imagen del palenque que da origen al cimarronaje cultural personificado por el abuelo y su legado. Ya ausente, su presencia es evidente en la memoria del pueblo.

Las tradiciones culturales mencionadas están inspiradas por el abuelo que, aunque ausente, ha tenido un impacto duradero. Su influencia está grabada en la memoria colectiva de su gente. Él, al lado de la negra, establecieron las bases para la resistencia a la deshumanización y la supervivencia de su familia extendida. Como rey en su casa instaló valores positivos y esperanza en las subsiguientes generaciones.

"Evocación", incluida en los dos libros, también pone en primer plano el impacto de los ancestros en la sociedad de hoy. La voz lírica comienza por interrogar el origen de unos "gritos estremecedores" que no puede distinguir: "¿qué serán? / ¿qué pasará?" (2016, 21). La cuestión es retórica porque:

Son las voces de viejos
que en América les obligaron a vivir
vivir, recordando a la madre África
y contarnos cuentos y viejas historias (Martínez Godoy, 2016, 21).

Despojados de su África, los ancestros mantenían vivos aspectos de su cultura por medio de la tradición oral. Estas voces establecieron la base de aspectos de la sociedad afroecuatoriana de hoy. La memoria ancestral es un importante aspecto de la temática en la mayoría de los poemas de la sección "Ventana de mi negritud". En "Recordando a la madre África" les permitieron a los prisioneros convertidos en esclavos mantener el sentido de ser humano y no meramente mercancías; pero lo más importante que legaron las abuelas y los abuelos son las lecciones para sobrevivir y progresar. Por ejemplo:

Y enseñarnos a amar como ama el negro
su pueblo, su raza y su libertad.
Caminar seguros en un mundo adverso

Trabajar con bizarría, con honestidad
Protestando siempre contra la opresión (Martínez Godoy, 2016, 21).

Amar, caminar, trabajar, protestar, son algunos de los valores aprendidos de los ancestros que sirven para guiar a los descendientes negros en el presente y el futuro; estos valores vienen de experiencias del pasado. En síntesis, los gritos de los abuelos que escucha la voz lírica a principios del poema tienen el propósito de inspirar la construcción de un mejor mundo para las próximas generaciones. Los abuelos estaban pensando en un mundo ideal que no ha existido y posiblemente no vaya a existir para los afroecuatorianos. Las figuras del abuelo y la abuela son constantes en la lírica de Martínez Godoy, son fuentes de inspiración, de fuerza y de orgullo.

"Mis ancestros" también rinde homenaje a los antepasados —hombres y mujeres— en el contexto de ritmo y baile. Esta danza ritualista comienza "cuando la marimba suena / y si repica el cununo" (2016, 18). Luego entran el bombo, el guazá, y las maracas, instrumentos que complementan el "cuerpo musculado" del negro y "las cimbreantes caderas de la negra". La voz lírica refiere a la pista del baile como "un templo para adorar a Changó", por lo tanto, da un contexto mítico africano al rito. Más que baile, es un rito secular/religioso que conecta África con Ecuador. En fin, para los presentes, este baile se interpreta "como símbolo de su negritud" (2016, 18).

"Noche esmeraldeña" se divide en dos partes: la primera, contextualiza la provincia en su belleza natural; y la segunda, enfatiza sus fuertes raíces étnicas y culturales. El poema comienza con un elogio de amor y pasión en verano, la estación de la plenitud, con los elementos del universo en armonía. La primera imagen presentada por la voz lírica es de un *locus amoenus*, un lugar idílico donde hay armonía entre el cielo y la tierra. Estos versos, con sus figuras retóricas —símiles, metáforas, personificación— captan la esencia de Esmeraldas —real e imaginado—. La luna en su dimensión humana está "preñada", "acaricia" y "abraza" con "ternura". Esmeraldas, en todo su verdor, está presentada como si fuera cubierta por una alfombra bajo la luz de la luna, donde esta "disfruta enseñoreada" como una persona, y muestra su dimensión antropomórfica. El mar también tiene un papel en esta construcción del ambiente físico de Esmeraldas: "cuando la invade el mar / lame cariñosamente sus playas brillantes" (2016, 15). Esta humanización de los elementos con una imagen erótica refuerza la imagen positiva de este lugar idílico.

La primera parte de "Noche esmeraldeña" es un preámbulo a la segunda, donde la fiesta es el centro del escenario. Los versos del poeta Jalisco González inician las actividades rituales a través de las cuales celebran la presencia y permanencia de la cultura negra. Los instrumentos tradicionales —marimba, guazá— y el ritmo acompañan la caderona y el patacoré, seguidos por la vocalización "[. . .] del arrullo / el alabao y el chigualo" por Rosita Wila. Ella junto a Jalisco representan la expresión máxima de la cultura popular en Esmeraldas, en cuanto a la poesía y el canto. Cierra las actividades de la noche Lourdes con sus interpretaciones de los bailes tradicionales: el andarele y el bambuco. La luna ha sido testigo de estas actividades, actuando como persona, y la noche termina en el mismo lugar donde han celebrado, "hasta que la luna agoniza" (2016, 16), es decir, que siga su ciclo hacia el amanecer. En el poema "Noche esmeraldeña" Josefina Martínez Godoy presenta un pueblo seguro de sí mismo y en armonía con el medio ambiente y el universo.

Estos poemas de *Evocación y olvidos* —"Ventanas de mi negritud", "Evocación", "Mis ancestros" y "Noche esmeraldeña" — son importantes porque crean un sentido de lugar, de pertenencia y de identidad en la comunidad afroecuatoriana. Siguen las mismas tendencias temáticas que en "Esmeraldas", "Muisne", "Herencia" y "Niños negros" en *Del silencio a la palabra* y que los poemas "Tierra fecunda", "Prado" y "Encanto" en la revista *Tierra Verde*. Josefina Martínez Godoy no es poeta de una sola dimensión. Muestra en sus dos libros un dominio de estilos, técnicas, figuras retóricas y un profundo entendimiento de su cultura.

"Sigue hirviendo la literatura afroecuatoriana" con escritoras como Carmen Cristina Hurtado Quintero y Máxima Angulo Borja. Como Josefina Martínez Godoy, sus obras interpretan también aspectos de Esmeraldas, la cultura afroecuatoriana en general y otros temas mundanos. Tienen el mismo propósito de dar a conocer aspectos de la realidad de escritoras afroecuatorianas y sus luchas contra la invisibilidad al demostrar su arte como poetas.

Carmen Cristina Hurtado Quintero. La vida en un poema (2018)

En su libro *La vida en un poema*, dividido en "Amor", "Amistad", "Reflexión", "Cultura" y "Problemática social", Carmen Cristina Hurtado Quintero examina la realidad bajo la superficie física natural de Esmeraldas. Un poema ejemplar es "Riquezas de mi tierra", de la sección "Problemática social", que establece una paradoja en la primera estrofa:

En nuestro hermoso Ecuador siendo un país tan pequeño
existen las diferencias y siguen sufriendo el pueblo (Hurtado Quintero, 2018, 45).

"Hermoso" está yuxtapuesto a "diferencias" y "sufriendo", para señalar el contraste entre las realidades geográficas y sociales del país. Continúa la voz lírica:

Niños que lloran de hambre madres que desesperan,
de qué nos sirven riquezas si a los pobres no nos llegan (Hurtado Quintero, 2018, 45).

Es decir, las riquezas que tienen los de arriba no llegan poco a poco a los de abajo. Es una realidad del capitalismo mundial y una verdad que mucha gente enfrenta diariamente. Los que producen las riquezas no disfrutan de ellas. Esta explotación de la mano de obra es denunciada por la voz lírica en los últimos versos:

Demos vuelta a la pirámide que venga el proletariado
dejando el capitalismo totalmente exterminado (Hurtado Quintero, 2018, 45).

La voz lírica es consciente de las inequidades socioeconómicas y pide un cambio en la estructura estratificada de la población y en el sistema económico del *trickle down*, es decir, que la riqueza fluya desde arriba hacia abajo. Según la voz poética, la estructura piramidal es responsable por la pobreza y el sufrimiento del pueblo.

La división "Cultura" tiene seis poemas. Son "Ecuador multisabor", "Tierra caliente", "Folklor", "Abosao", "África" y "Esmeraldas". Estos textos intentan definir la esencia de la provincia. "África" evoca este continente, su legado y sus contribuciones al Ecuador con sus "mitos y leyendas", gente y otras manifestaciones culturales (2018, 39). La voz lírica desea documentar la fortaleza y la resistencia de los antepasados que tuvieron que enfrentar la violencia, la explotación, la discriminación y el racismo. Estos obstáculos no los detuvieron en la búsqueda de una vida mejor, que sus descendientes todavía tratan de alcanzar.

"Esmeraldas" cuenta del "descubrimiento" de la provincia y sus repercusiones. "En 1526 un 21 de septiembre / fuiste descubierto por un hombre" (El capitán Bartolomé) (2018, 40). A pesar de las atrocidades, "desnudaron tu belleza", la voz lírica responde: "Pero sigues siendo hermosa / porque conservas tu esencia" (2018, 40). El encuentro con la gente española era brutal, pero no podía cambiar permanentemente lo que llegó a ser Esmeraldas. Sobre este fuerte fondo está construida la cultura representada en "Ecuador multisabor", "Tierra caliente", "Folklor" y "Abosao".

La vida en un poema también tiene selecciones dedicadas a la familia y el amor. El amor a la familia es muy positivo, pero el de las relaciones íntimas es distinto. "Haz lo que te gusta hacer", "Tú no sabes" y "Por qué me hace tanto daño?", de la sección "Reflexión", son algunos de ellos. El último de los tres poemas es explícito al interpretar una situación conflictiva:

> A caso no se dan cuenta, de que sus palabras hieren,
> que me hacen sentir como la peor de las mujeres.
> A caso con lo que hacen no sienten que me hace daño,
> pues más temprano que tarde se descubre el engaño (Hurtado Quintero, 2018, 23).

Es un poema construido con imágenes de duda y decepción iniciadas con "A caso". El tema del poema es el abuso que ha sufrido la voz poética y el impacto que esto ha tenido en su vida. Como respuesta, la idea de la muerte predomina en el poema al perder el "otro"; "siento una muerte lenta. . ./ prefiero estar muerta" (2018, 23). Pero, hay una resolución: "¡No, qué cosa digo!, tengo que vivir por mis hermosos hijos" (2018, 23). Todavía hay una añoranza por un pasado que no existe. "Cuando la muerte llega para qué sirven las flores" (2018, 23) da una nota de finalidad a la situación. ¿Es una muerte literal o figurativa? En vida hay una denigración y falta de respeto por la mujer, que es el tema del poema. El abuso ha llegado al punto en que ella ha pensado en la última salida: la muerte. Pero considera otra opción.

En el poema "Te dejo en libertad", de la sección "Amor", la voz lírica está tratando de reparar lo irreparable al decir: "No soportaba el hecho de dormir espalda con espalda y que / al amanecer ni siquiera me tocas, mucho frío se sentía / en esas madrugadas" (2018, 13). Hay una actitud de desesperación por parte de la voz poética. Estos versos representan la manifestación de una alienación que ha terminado en la separación y el dolor íntimo. La voz lírica articula un tipo de abuso psicológico a manos del "otro". Es un motivo que se repite en muchos poemas que tratan de entender el "Amor".

En la introducción a *La vida en un poema*, la autora intenta articular: "Verdades que están reflejadas en diversos poemas, que nos ayudan a ver con claridad la realidad de nuestras vidas, poemas que nos hablan del hermoso planeta que habitamos el mismo que estamos destruyendo sin ninguna compasión" (2018, 3).

Sus "verdades" llegan al lector por medio de poemas personales, sociales, históricos y folclóricos que, al igual que sus antecesores y colegas, identifican muchos problemas, pero sin proponer soluciones. Debajo de la superficie de la imagen de Esmeraldas como paraíso hay mucha pena y sufrimiento articulados por la poeta y sus compatriotas, en relación con los niveles individuales y sociales. Viven esta dualidad diariamente y la convierten en poesía.

Los poemas de las secciones "Reflexión" y "Amor" demuestran la necesidad de empoderamiento de la mujer para mejorar sus situaciones de abuso. Como dice, pueden ". . .ver claramente la realidad de nuestras vidas".

Máxima Angulo Borja. Pininos literarios. Un bocadito para el alma (2018)

En la introducción a este libro, Roberto Holguín Solórzano (en Angulo Borja, 2018, 5) escribe: "Los presentes (poemas) sencillos se le pueden subdividir en: identidad negrista, situaciones de mi tierra, sueños despiertos y anécdota de una negra enamorada". Este libro es una afirmación de la identidad individual, étnica y cultural.

Quizá el amor sea el tema predominante del volumen. Vemos una expresión de la intimidad entre mujeres y hombres, y entre mujeres. Algunos de los poemas que ejemplifican estas relaciones son los siguientes: "El recuerdo de un amado", "Placeres", "El amor es de dos" y "Han enterrado a mi amada". La actitud hacia el amor proyectada por la voz lírica es conflictiva, entre pasión y añoranza.

El tema de "El recuerdo de un amado" es el amor perdido; consta de cinco estrofas de cuatro versos cada una. La voz poética expresa el deseo de una relación, pero su amado pasa "indiferente" y "muy feliz" con otra mientras ella siente el deseo de morir. A través del poema hay una yuxtaposición de "feliz" con "sufrir" y "morir" en este "mundo vil". En los últimos versos se desliza la idea de que el amor que tenían no se puede replicar con otra persona.

"Placeres" describe un acto sexual, o real o imaginado. El poema empieza con "Tu cuerpo desnudo / en el fondo del mar" (2018, 17). Las partes individuales del cuerpo vienen después: "Tu pecho me cubre / tus besos me abrasan" y "Tus manos recorren / esta rica playa" (2018, 17). La voz poética está imaginando un encuentro sexual frente al mar y se identifica con la playa. El acto es intenso y gratificante:

> Siento que penetra
> por toda mi alma
> siento desmayarme
> ¡Qué bien que me amas! (Angulo Borja, 2018, 17).

A pesar de los momentos de "intenso placer" y "emoción tan mágica no se puede evitar la realidad", como preámbulo a estas declaraciones la voz lírica declara: "Tus pies me aprietan / en la arena falsa" (2018, 17). Es decir, ha construido una situación falsa para lograr una fantasía sexual.

A pesar de los momentos positivos de "Placeres", la mayoría de los poemas de tema amoroso recuerdan episodios del amor perdido y la añoranza resultante. En "El amor es de dos" empieza con unas interrogaciones retóricas:

> ¿Dónde estás mi amor? ¿Dónde estás?
> ¿Quién ocupa mi lugar?
> ¿Quién me roba tus besos?
> ¿Quién te aparta de mi vida? (Angulo Borja, 2018, 19).

A pesar de la realidad, la voz lírica no puede imaginar la vida sin su amante. El poema está construido alrededor de un motivo de *ubi sunt* y unas interrogaciones intensas, sin respuestas relacionadas a las causas de la separación. Los sentimientos de la voz lírica son constantes a pesar de que nada vaya a cambiar. Es un deseo que no va a ser cumplido. El poema expresa los sentimientos en carne viva: "Te extraño", "Te necesito", "Te deseo" y "Mi vida sin ti, ¿para qué? / ¿Qué hago sin ti, sin ti?" Los sentimientos de desesperanza, de soledad, de furia, predominan en el poema, reconociendo que estos tiempos perdidos no pueden ser recuperados.

"Tristeza" es el futuro de la voz lírica. Es un poema de nueve tercetos en el cual los refranes de cuatro son "pensar, pensar y pensar", "llorar, llorar y llorar", "sufrir, sufrir, y sufrir", "desear, desear y desear". Se da cuenta, finalmente, que "La vida es una fantasía". Así, las acciones poetizadas provienen de la imaginación, los deseos y los recuerdos de la voz lírica, quien parece darse cuenta al final de esta realidad cuando afirma:

> Tus caricias son fantasías
> tu eres mi gran alegría
> ahora, amarga es mi vida (Angulo Borja, 2018, 22).

Otros poemas de los mismos temas son "Sucedió lo que temía", "Lejos" y "Acaso". Colectivamente, los poemas de *Pininos literarios. Un bocadito para el alma* (2018) explican las razones de la separación imaginada de la voz lírica con respecto a sus amantes, el casamiento, la despedida y las consecuencias.

Algunos aspectos importantes de estas tensiones amorosas son las relaciones íntimas entre mujeres. Los poemas que indican esto son "Dos amores", "Libertad",

"Se me fue con otro" y ¿Lo sabías?". En "Dos amores" la voz lírica contrasta el impacto de las miradas de sus amantes:

> La mirada de él es pasión
> la tuya es de candor.
> El descubre mi cuerpo
> tú desnudas mi alma (Angulo Borja, 2018, 48).

Distingue entre el amor físico, carnal y el amor puro, espiritual, y parece inclinarse por el último. Este sentimiento de ambivalencia se extiende a lo largo del poema. También existe el mismo sentimiento de pérdida y aprensión que se revela en la última estrofa, en la cual la voz poética tiene la capacidad de "dividirme es lo que quiero / para no quedarme con cero" (2018, 49). Estos versos demuestran la reticencia a comprometerse con un hombre o una mujer en asuntos amorosos. Su actitud es de "atrevimiento" y sabe que debe terminar con la relación entre mujeres, pero "Necesito también su cuerpo / para seguir viviendo". Es la misma actitud que muestra hacia la separación con el hombre.

"Libertad" se trata de lo fugaz del amor entre mujeres. El sentimiento expresado al principio se mantiene en todo el poema en donde el apóstrofe reconoce "Mujercita de mi vida", que quiere controlar su propio destino. Los momentos de pasión duran solamente hasta la mañana porque la voz lírica desea expresar su autodeterminación:

> Tú me atrapas en tu hechizo,
> yo te lo hago creer,
> pero ese amor me dura
> sólo hasta el amanecer (Angulo Borja, 2018, 76).

La ambivalencia expresada aquí se mantiene en todo el poema. Ni el amor ni la íntima pasión pueden alterar el sentido de ser optimista que siente la voz lírica.

La separación y la añoranza, motivos centrales de los poemas que tratan el tema amoroso, llegan a su punto culminante en "Se me fue con otro". Es una relación entre mujeres que empieza así:

> Se me fue con otro
> y esperándola estoy,
> que regrese a mi lado
> para no morir de amor (Angulo Borja, 2018, 77).

Evidentemente, ella se fue con un hombre, hecho que la voz lírica lamenta. Esta idea de morir a causa del amor perdido se repite en varios poemas. Hay una proyección de las posibles relaciones entre la nueva pareja. "¿Le habrá tocado la cara?" y "Le habrá robado un beso" son los escenarios imaginados.

"Esperar" es el motivo principal del poema "Se me fue con otro", y es clave en la memoria de la voz lírica que ama y espera. "Regresará" y "esperaré" da un tono optimista a una situación física que está intentando resolver mentalmente. Por medio de la memoria reconstruye un pasado e intenta imaginar un futuro en las últimas dos estrofas, donde se yuxtaponen: "Me miraba, la miraba" / "Vivirá de sus caricias" (2018, 78). La lección de estos poemas, desde la perspectiva de la voz lírica, es que las relaciones íntimas con una mujer son tan difíciles como con un hombre. Vale la pena mencionar que, entre las autoras estudiadas aquí, *Pininos literarios. Un bocadito para el alma* es el único texto que interpreta con profundidad algunas relaciones amorosas entre mujeres. En la poesía de Hurtado Quintero y Angulo Borja, el amor no es romántico, sino problemático, sea entre hombres y mujeres o entre mujeres.

La cultura popular es otro tema de *Pininos literarios. Un bocadito para el alma.* "La tradición me visita", "Macumba" y "La marimba" son representativos. "La marimba" es una selección que demuestra la unidad de la comunidad alrededor de este instrumento. Se trata de la unión familiar entre "El negro", "La negrita" y "los negritos" con sus instrumentos musicales y bailes. Pero los participantes de "esta danza esmeraldeña" no están limitados solo a los meros humanos, está también "La tacona y el ribiel", "La tunda va a desafiar" y el duende "compite con el bombero". La voz lírica crea un ambiente folclórico de la cultura popular esmeraldeña entre los seres humanos y sus figuras míticas en esta escena imaginaria.

Las figuras míticas folclóricas cumplen un papel importante también en el poema "La tradición me visita". La tradición que visita es la Tunda, con un propósito:

> La tunda vino a mi casa
> encumbrada y enlutada
> ella estaba muy molesta
> por la tecnología avanzada (Angulo Borja, 2018, 11).

Aquí tenemos un choque entre la tradición y la modernidad. La Tunda no puede ejercer su papel a causa de factores ambientales y tecnológicos. Ha perdido su fama de secuestradora y su hábitat, dado que, por el efecto de los pesticidas en los ríos y por la tala de los árboles, no tiene adónde llevar a los niños hurtados.

Están reclamando también su espacio cultural el Duendecillo, el Riviel, y la Gualgura, otras figuras importantes del folclor esmeraldeño. En conjunto, están protestando contra las actividades contemporáneas que destruyen las tradiciones culturales. Sus críticas no se limitan a las muchachas de hoy y su manera de vestirse y comportarse. También critican el progreso moderno de la voz lírica con respectos a sus accesorios:

> La bruja dijo ¡carajo!
> tú también tienes la culpa;
> compu, tele y celular;
> cruz de palo, achiote y ajo (Angulo Borja, 2018, 12).

Después viene una amenaza de la Tacona: "¡si no cambias de actitud! / ¡te llevaré al cementerio!" (2018, 12). Bajo esta presión la voz poética tuvo que firmar un contrato para "respetar la tradición / conservando sus espacios" (2018, 13). "La tradición me visita" es una interpretación irónica de la cultura popular en conflicto con la modernidad. El materialismo está destruyendo no solamente el medio ambiente, sino también el ámbito natural de la Tunda y otros aspectos de la cultura popular. Es un poema satírico, paradójico, con una de las figuras más importantes en la mitología popular en el centro, que ve su futuro en peligro.

"Macumba" tiene que ver con prácticas de la medicina popular. La primera impresión que la voz lírica tiene durante una visita al curandero es la de un hombre que se "parece a un chamán", sentado y fumando, donde el humo es la clave para la cura durante el tratamiento:

> Me rezaba sus plegarias
> al son del humo y el humo
> y yo lo miraba incrédula
> sonreía como ninguno (Angulo Borja, 2018, 14).

El conjuro tiene éxito porque "el brujo" le contó acerca de "el presente, el pasado y el futuro". La combinación del tabaco, la esencia, la oración y la fe de la mujer terminan con la "sanación", y le aseguran buena fortuna. Esta práctica de brujería es otro aspecto de la cultura popular presente en *Pininos literarios. Un bocadito para el alma.*

La dimensión trágica de este libro se evidencia en "El Muisneño" y "Muisne 7.8", dos poemas que interpretan aspectos culturales de esta isla. El primer texto habla de las características positivas del pueblo, su personalidad, su ética de trabajo y su lugar en el mundo. La voz lírica asume la perspectiva de alguien que orienta a un turista hablando de la sociedad y el carácter de su gente. Luego sigue una lista de actividades y las profesiones de la gente: pescadores, agricultores, concheras, enfermeras, oficinistas, comerciantes y maestros. Es una sociedad en armonía entre los ciudadanos y la naturaleza. Esta percepción de la realidad cambia en el poema "Muisne 7.8":

> Mi Muisne se estremeció
> un dieciséis de abril,
> no me lo he inventado yo
> esta historia la viví (Angulo Borja, 2018, 83).

La vida tranquila fue interrumpida por el terremoto de 2016, que tuvo un impacto devastador en la isla y su población. El poema describe el susto, el pánico y la sensación de desesperanza de la gente que puso su fe en Dios, en quien buscó la salvación porque:

> La destrucción es inminente:
> La luna se desbordó,
> las estrellas se cayeron,
> el cielo se oscureció
> presagiando destrucción (Angulo Borja, 2018, 83).

Y vino la destrucción por medio de la tierra y el agua, mientras los muisneños, asustados, buscaron una salida al continente. Esperaban un tsunami que afortunadamente no vino y lograron escapar hacia los pueblos vecinos. Allí, "La gente estaba unida / queriendo salvar la vida, gracias a la misericordia de Dios". Muisne, un lugar idílico en el poema de Martínez Godoy, es un infierno en la obra de Angulo Borja. La naturaleza puede ser una bendición o una maldición.

Los otros poemas de *Pininos literarios. Un bocadito para el alma* están dedicados a las relaciones humanas, como el amor y la familia ("Un angelito negro [a mi papá amado]", "Mi niña", "Mi primor", "Una diosa" y "Desde chiquita lloraba"), y a la educación. Las estaciones del año y el patriotismo son otros de los temas presentes en la poesía de Máxima Angulo Borja. Sus *Pininos* (primeros pasos) *literarios* son exitosos como intérpretes de aspectos de la realidad cultural de Esmeraldas.

Temática y conceptualmente, Hurtado Quintero y Angulo Borja tienen mucho en común con Martínez Godoy. Aunque separados por edad, tiempo y espacio, comparten el intertexto cultural de Esmeraldas y sus manifestaciones literarias como la naturaleza, la identidad étnica, los ancestros, el amor, la familia, los mitos y la lucha para escribir sus propias historias. Como la mayoría de los escritores y las escritoras estudiados aquí, los conceptos de lugar, desalojamiento, cimarronaje cultural, resistencia y afirmación están en el centro, o son los subtextos de sus discursos. Las obras de las tres autores son poscoloniales, con Martínez Godoy, Hurtado Quintero y Angulo Borja buscando cómo empoderarse dentro de su sociedad y asegurarse que sus voces sean oídas. Estas tres poetas, nacidas y criadas en Esmeraldas, como la mayoría de autores estudiados aquí, minan las riquezas de la provincia y las incorporan a textos que revelan otra dimensión de la existencia ecuatoriana.

Obras citadas

Angulo Borja, M. (2018). *Pininos literarios. Un bocadito para el alma.* Esmeraldas, Casa de la Cultura Ecuatoriana Benjamín Carrión, Núcleo de Esmeraldas.

Hurtado Quintero, C. C. (2018). *La vida en un poema.* Esmeraldas, Casa de la Cultura Ecuatoriana Benjamín Carrión, Núcleo de Esmeraldas.

Martínez Godoy, J. (2013). *Del silencio a la palabra.* Esmeraldas, Casa de la Cultura Ecuatoriana, Benjamín Carrión, Núcleo de Esmeraldas.

___. (2016). *Evocación y olvidos.* Esmeraldas, Casa de la Cultura Ecuatoriana Benjamín Carrión, Núcleo de Esmeraldas.

CONCLUSIONES

En los textos estudiados la literatura se intersecta con la historia, la sociología, la geografía y otras disciplinas, para rendir interpretaciones profundas y emocionantes de la realidad negra en Ecuador. Incluyen experiencias vividas e imaginadas de los siglos de su existencia. Esmeraldas, la "provincia verde", está en el centro del discurso. Estos artistas son escritores creativos leales a su oficio en cuanto a estilo, técnica, imagen, metáfora y otras figuras retóricas. Un aspecto sumamente importante de su cosmovisión artística es la autodefinición en una situación neocolonizada. La misión de estos escritos es dar a conocer al mundo aspectos de la intrahistoria ecuatoriana desde la perspectiva negra. Está logrado por medio de los conceptos de diáspora, lugar/desplazamiento, cimarronaje cultural, resistencia e identidad.

El cimarronaje cultural es el destacado componente unificador de estos conceptos articulados por escritores negros de distintas generaciones mientras luchan para encontrar su lugar en los ambientes naturales y humanos del Ecuador. Como señala René Depestre, en su huida a los palenques y otros sitios lejos de la esclavitud los negros construyeron un nuevo sentido de ser, física y psicológicamente, al combinar ingredientes de las culturas africanas y las del Nuevo Mundo.

Una figura sumamente importante en el discurso afroecuatoriano es Alonso de Illescas, cuya presencia permea la literatura de los mujeres y hombres estudiados aquí, desde Antonio Preciado hasta las cimarronas. Illescas no es solamente una memoria, sino también una presencia viva en la conciencia colectiva de la población. Es interesante que elogien a Illescas y no al Negro Antón, quien llegó a lo que es hoy Portete, Muisne en 1553, con los primeros africanos que naufragaron, situación que dio comienzo al proceso de cimarronaje negro en Ecuador. Luego de la muerte de Antón, fue sucedido por Illescas.

Para conmemorar estos eventos de 1553 y 1555, el diario *La Hora de Esmeraldas* lleva un titular del 7 de noviembre de 2021 que dice: "468 años del arribo de los cimarrones a Esmeraldas". El 5 y 6 de noviembre se celebraron los eventos recordados hace 8 años (2013).

Mary Quinóñez, la organizadora de las actividades de este año, comenta: "Los cimarrones y las cimarronas de la Costa del Pacífico son nuestros héroes y nuestras heroínas desde sus actos de resistencia que alimentan nuestra memoria y nos dan esperanza para seguir resistiendo en estos tiempos" (2021, en *La Hora*).

Las actividades principales fueron una romería al monumento de Illescas y El Retorno al Palenque de Libertad, reconociendo y conmemorando el arribo de los primeros negros, de quienes heredaron su sentido de resistencia y afirmación de identidad. Como hemos visto, muchas obras estudiadas mantienen vivas esta historia y memoria ancestral de la experiencia palenquera.

En el palenque, desarrollaron su unicidad cultural por medio de sus mitos populares —la Tunda, el Riviel, la Gualgura y otros—, su música y baile —marimba, andarele—, sus prácticas culinarias —encocado, tapao, puzandao—, y otros aportes a la sociedad. La experiencia del palenque estableció la base afroecuatoriana de existencia en esta sociedad "intercultural y plurinacional".

El cimarronaje cultural está vinculado directamente al empoderamiento de las mujeres, como vemos en los títulos de libros y poemas de Amada Cortez Caicedo y otras cimarronas: *Me llaman la cimarrona* y *Voces de las cimarronas*. En estas publicaciones las mujeres expresan su conocimiento de las situaciones sociales en el país y demandan cambios positivos. Entienden que, a nivel colectivo, sus voces y poder tendrán más impacto que si funcionan individualmente. Los primeros poemas de *Voces de las cimarronas* emergen de actividades de la colectividad, pero tienen el mismo propósito como Cortez Caicedo cuando escribe en *Me llaman la cimarrona*: "somos las verdaderas autoras / De nuestra sociedad ahora /. . .Y rompemos las fronteras / En busca de una sociedad nueva" (2009, 7). Los años han pasado, pero el propósito del cimarronaje no ha cambiado. Es decir, seguir construyendo una sociedad que reconoce y acepta valores negros en su esfuerzo por mejorarse, con las mujeres en frente.

La Travesía es el comienzo de siglos de desplazamientos que los afroecuatorianos han tenido que enfrentar, y están contados por sus escritores al describir la lucha entre los derechos ancestrales y los derechos legales a la tierra. Violencia, desalojos, contaminación del ambiente en el nombre de progreso, industrialización y globalización son algunas de las preocupaciones sociales expresadas por las artistas al examinar la refinería de Esmeraldas, la industria de palma y el talar de bosques, por ejemplo. Protestan sobre el impacto negativo que tienen sobre las comunidades negras, por ejemplo, en las obras de Tenorio Cuero y Cuero Caicedo. Desafortunadamente el centro no responde al margen.

Otro tema predominante de los escritores es la identidad negra y sus manifestaciones individuales, étnicas y nacionales. Parece que ha habido una evolución de la percepción del concepto de la imagen del mulato vacilante de Adalberto Ortiz a la afirmación no apologética de lo negro por Diógenes Cuero Caicedo. En el preámbulo a su poema "Casi color", en el libro *Tierra, son y tambor* (1973), Ortiz (1973, 83) escribe "Mulato soy, hijo de mulatos". A continuación, dice que su literatura es "fragmentaria" o "fragmentada" a causa de su "personalidad no muy bien identificada ni unitaria". Las identidades literarias y étnicas de Ortiz como mulato crean ambivalencia en dos niveles. La voz lírica intenta resolver el problema al afirmar "Para olvidarme de todo / Quiero ser negro" (1973, 86).

La actitud de Ortiz representa el pensamiento de la época, la sociedad y la tendencia de no aceptar la palabra "negro" en un sentido positivo, aplicado a seres humanos. No hay vacilación por parte de la mayoría de escritores en este libro a llamarse negro o negra. Ninguno ni ninguna se identifica como "mulato o mulata". Diógenes Cuero Caicedo es el más vocal en establecer su identidad étnica. Afirma: "Negro soy señor / no me afrenta mi color / es la obra del creador / y lo llevan con gran honor" (2019, 85). Ya estamos en tiempos distintos de la época de Adalberto Ortiz, con artistas que aceptan su herencia africana sin temer repercusiones de la sociedad. La cuestión palpitante es si Ecuador está listo para aceptar a sus ciudadanos negros con sus identidades intactas sin vacilaciones ni cambios. ¿Han encontrado su "lugar" después de siglos de resistencia y lucha? Los conceptos/temas/motivos como la diáspora, lugar/desplazamiento, cimarronaje cultural, resistencia, identidad y otros, representan aspectos esencialistas de la literatura afroecuatoriana. Sin estos componentes, ¿qué es el discurso negro del país? Es su realidad vivida e imaginada, interpretada y puesta en papel.

Las palabras de Juan Francisco Morales Suárez, que en la introducción de este libro se refieren a la falta de una buena infraestructura en Esmeraldas, todavía tienen razón, a pesar de algunos mejoramientos. Dice que "...enormes sectores de Esmeraldas se hallan en la misma situación en que vivieron hace 200 y 300 años sus ancestros" (2017, 20). Morales Suárez incluye el sector educativo, que él encuentra deficiente. Como consecuencia, esta realidad puede tener un impacto negativo en los escritores y la producción literaria. Sin embargo, los artistas esmeraldeños (hombres y mujeres), gracias a su talento, determinación, conocimiento y respeto por su cultura, han superado varios obstáculos para publicar sus obras, principalmente con La Casa de la Cultura Ecuatoriana en Esmeraldas. Esta organización imprime y no edita los manuscritos. La responsabilidad de escribir y editar sus obras es de los escritores. La Casa de la Cultura Ecuatoriana ha hecho un esfuerzo comendable para publicar autores conocidos, y a otros por primera vez.

La mayoría de los autores incluidos en este estudio no han participado en talleres literarios ni asistieron a las clases de escritura creativa. Escriben sus experiencias en un idioma y a un nivel adecuados a las masas, a gente que la pueden identificar con imágenes, símbolos, metáforas implícitos en sus obras. De allí viene la especificidad de la literatura afroecuatoriana. Para muchos artistas, Esmeraldas es el punto de partida para explorar una literatura emergente y dinámica. Pero sus contribuciones no están limitadas geográficamente porque tienen resonancia a través de la diáspora literaria africana y el mundo de las letras. Sigue hirviendo la literatura afroecuatoriana.

BIBLIOGRAFÍA

Abad, G. (2012). "Juan García y Juan Montaño. Territorios distintos y narrativas complementarias desde la memoria afrodescendiente", en *Chasqui*, vol. 120, pp. 88–92.

Alemán, A. (2013). "Literatura afroecuatoriana en clave de diáspora", en *Re/Incidencia*, vol. 7, pp. 1–6.

Angulo Borja, M. (2018). *Pininos literarios. Un bocadito para el alma.* Esmeraldas, Casa de la Cultura Ecuatoriana Benjamín Carrión.

Arce Rodríguez, A. (1992) *Décimas.* Centro Cultural Afroecuatoriano.

Ashcroft, B.; Griffiths, G. & Tiffin, H. (1995). *The post-colonial studies reader.* Routledge.

___. (2000). *Post-colonial studies. The key concepts.* 2nd edition, Routledge.

Ballesteros Cortez, L. (2015). *De costumbres y raíces.* Esmeraldas, Casa de la Cultura Ecuatoriana Benjamín Carrión.

Bautista Nazareno, I. (2005). *Entre poemas y cuentos (con sentimiento negro)*, editorial desconocida.

Bonilla, M. (2019). "Más escritores afros se interesan por la poesía", en *El Comercio*, febrero de 2019.

Caicedo Vivas, S. M. (2018). *Poesías, sueño o realidad.* Esmeraldas, Casa de la Cultura Ecuatoriana.

Cañizares Estupiñán, S. (2018). *Héroes de la provincia de Esmeraldas.* Esmeraldas, Casa de la Cultura Ecuatoriana.

Cárdenas Oñate, M. (comp.) (2008). *Mujeres en la historia del Ecuador. Género y cultura.* Ministerio del Ecuador.

Carrasco Molina, J. et al. (2009). *Mujeres en la historia del Ecuador. Género y cultura.* Ministerio de la Cultura del Ecuador.

Casa de la Cultura Ecuatoriana Benjamín Carrión. (2013). *Mitología esmeraldeña.* Esmeraldas.

Chalá Cruz, J. F. (2013). *Representaciones del cuerpo. Discursos e identidad del pueblo afroecuatoriano.* Abya-Yala.

Chiriboga, L. A. (1997). *Diáspora por los caminos de Esmeraldas.* Consejo Provincial de Esmeraldas y Ardilla Editores.

___. (1999). *Palenque. Décimas.* Instituto Andino de Artes Populares.

___. (2010). *Bajo la sombra del silencio.* Esmeraldas, Casa de la Cultura Ecuatoriana.

Coba, C. A. (1980). *Literatura popular afroecuatoriana.* Instituto Otavaldeño de Antropología.

Cortez Caicedo, A. (ed.). (2008). *Voces de las cimarronas.* Coordinadora Nacional de Mujeres Negras, Centro Cultural Ecuatoriano.

Cortez Caicedo, A. (2009). *Me llaman la cimarrona.* CODAE.

Cuero Caicedo, D. (1995). *Petróleo. Realidad y sindicalismo.* Centro de Desarrollo Cultural.

___. (2006). *Tsunami: mitología y poesía.* G&R Producciones.

___. (2016). *Las huellas de la carimba.* Esmeraldas, Casa de la Cultura Ecuatoriana.

___. (2019). *Me quieren. quitar lo negro.* Esmeraldas, Casa de la Cultura Ecuatoriana.

D'Agostino, A. (2015). *Identidad, cultura y cimarronaje en la insurgencia/emergencia del pueblo ecuatoriano. 1980–2011.* Universidad Politécnica Salesiana.

De la Torre, C. (2002). *Afroquiteños. Ciudadanía y racismo.* Centro Andino de Acción Popular.

Escobar Konanz, M. (1990). *La frontera imprecisa. Lo natural y lo sagrado en el norte de Esmeraldas.* Centro Cultural Ecuatoriano.

Estupiñán Bass, N. (1991). *Esta goleta llamada poesía.* Casa de la Cultura Ecuatoriana.

Estupiñán Cortez, T. (1983). *Azabache*, editorial desconocida.

___. (2013). *Bullaranga. Cuentos picantes.* Sagrado Corazón.

___. (2013). *El tronco.* Casa de la Cultura Ecuatoriana.

Estupiñán Tello, J. (1976). *Historia de Esmeraldas. Monografía integral.* Santiago de los Colorados.

___. (1993). *Otras biografías de esmeraldeños representativos.* Esmeraldas, UTE LVT.

García Salazar, J. (1984). "Black poetry of coastal Ecuador", en *Grassroots Development*, 8, 1, pp. 31–37.

González Tenorio, W. J. (2012). *Las huellas digitales de mi pueblo. Antología poética.* Esmeraldas, Casa de la Cultura Ecuatoriana.

Handelsman, M. (1999). *Lo afro y la plurinacionalidad. El caso ecuatoriano visto desde su literatura.* Romance Monographs.

___. (2010). "Antonio Preciado. Poeta de la diáspora", *Guaraguo*, vol. 15, núm. 38, pp. 133–63.

___. (2011). *Género, raza y nación en la literatura ecuatoriana. Hacia una lectura decolonial.* Centro de Estudios y Cooperación para América Latina.

Hidalgo Alzamora, L. (1982). *Décimas esmeraldeñas: recopilación y análisis socio-literario.* Banco Central del Ecuador.

Howes, R. G. (2010). *Antonio Preciado and the afro presence in ecuadorian literature.* Doctoral dissertation, University of Tennessee.

Hurtado Quintero, C. C. (2018). *La vida en un poema.* Esmeraldas, Casa de la Cultura Ecuatoriana.

Juárez Rodríguez, B. A. (2020). *Gender and the State. Afro women's organizations in contemporary Ecuador*. Dissertation, University of Western Ontario.

Kleymeyer, C. D. (2019). "Meet Juan García, the man who championed black identity in Ecuador", en *Smithsonian Magazine*, junio de 2019.

Macías Cedeño, R. (2015). *Esmeraldas. Mitos y tradiciones*. Esmeraldas, Casa de la Cultura Ecuatoriana.

Martínez Godoy, J. (2013). *Del silencio a la palabra*. Novel Editores.

___. (2016). *Evocación y olvidos*. Esmeraldas, Casa de la Cultura Ecuatoriana.

Micolta Cuero, J. (1996). *Tapao, canción y miscelánea. Apología rimada*. Ciudad de los Muchachos.

___. (2008). *Décimas y motivaciones de la Tierra Verde*. Casa del Poeta Ecuatoriano-Peruano.

Miranda Robles, F. (2010). *Hacia una narrativa afroecuatoriana cimarronaje cultural en América Latina*. Casa de las Américas.

___. (2014). "De cómo cimarronear escritura o la poesía afroecuatoriana en el siglo XX", *El Telégrafo*, agosto de 2014.

Monsalve, A. (2002). Literatura afroecuatoriana. Homenaje a Nelson Estupiñán Bass. Esmeraldas, Casa de la Cultura Ecuatoriana.

Montaño Escobar, J. (1999). Así se compone un son. Esmeraldas, Casa de la Cultura Ecuatoriana.

Moreno Campoverde, P. A. (2020). *Racismo y reivindicación de los afrodescendientes en Cuenca*. Tesis de Maestría, Universidad de Cuenca.

Moreno Parra, M. (2019). "Racismo ambiental. Muerte lenta y despojo de territorio ancestral afroecuatoriano en Esmeraldas", en *Íconos*, núm. 64, pp. 89–109.

Moreno Zapata, F. J. (2014). *Mujer afroecuatoriana como sujeto político*. Abya-Yala, Universidad Técnica de Esmeraldas.

Núñez Sánchez, J. (ed.) (2018). *Historia y antología de la literatura ecuatoriana*. Academia de la Historia.

Obando, A. S. (1985). *Tradiciones del Chota*. Abya-Yala.

Ortega Caicedo, A. (2011). *Historia de las literaturas del Ecuador. Vol. 7. Período 1960–2000*. Quito, Corporación Ed. Nacional.

___. (2012). *Historia de las literaturas del Ecuador. Vol. 8. Literatura de la República 1960–2000* (segunda parte). Corporación Ed. Nacional.

Ortiz, A. (1973). *Fórmulas. El vigilante insepulto, tierra, son y tambor*. Casa de la Cultura Ecuatoriana.

Pabón, J. (2016). "Ora-literatura afroecuatoriana. Narrativas insurgentes de re-existencia y lugar", en *SECOLAS*, vol. 60, núm. 1, pp. 95–113.

___. (2018). "Antonio Preciado. Entre la Ciudad Letrada y las memorias ancestrales", en *Calle 14*, vol. 13, núm. 23, pp. 210–23.

Palacios Mateos, F. (2018). *Culturas intangibles en movimiento. La música tradicional afroesmeraldeña*. Pontificia Universidad Católica del Ecuador.

Pavón, J. (2007). *Identidad afro. Procesos de construcción en las comunidades negras de la Cuenca Chota-Mira*. Abya-Yala.

Pérez Estupiñán, M. (1998). *Historia general de Esmeraldas. T. 2. 1916–1956*. Universidad Técnica Luis Vargas Torres.

Preciado, A. (1992). *De sol a sol*. Libresa.

___. (2013). *De lo demás al barrio*. El Ángel Editor.

Quinóñez, M. (2021). "468 años del arribo de los cimarrones a Esmeraldas", en diario *La Hora*, 7 de noviembre 2021.

Ramírez de Morejón, M. (1984). *Folklore de la zona norte esmeraldeña*. Banco Central del Ecuador.

Revista Educativa Esmeraldas. (2002). "Homenaje a Nelson Estupiñán Bass", edición especial, núm. 20.

Revista Cultural Tierra Verde. (2011). "Nelson Estupiñán Bass. Homenaje a su memoria", núm. 10.

Revista Esmeraldas. (2015). "Nelson Estupiñán Bass y Antonio Preciado".

Ruggiero, D. M. (2015). "Lo global en lo local. Afro Ecuatorianos, fútbol y literatura", en *Revista Káñina*, vol. 39, núm. 1, pp. 167–76.

San Martín, C. O. (2006). *El libro blanco y verde de Esmeraldas*. Fundación Carlos Ojeda San Martín.

Santa Cruz, N. (1971). *Décimas y poemas. Antología*. Campodónico Ediciones.

Sosa Castillo, J. (1986). *Canción testimonial*. Esmeraldas, Banco Central del Ecuador.

Speiser, S. (1989). *Tradiciones afro-esmeraldeñas*. Abya-Yala.

Sylva Charvet, E. (2010). *Feminidad y masculinidad en la cultura afroecuatoriana. El caso del norte de Esmeraldas*. Abya-Yala.

Tenorio Cuero, O. (1982). *Epístolas para el hombre y el mar*. Esmeraldas, Editorial Gregorio.

___. (2003). *Otra vez ella, el mar y los recuerdos*. Letramía.

___. (2017). *Tributo a Adalberto Ortiz Quiñonez y a la poesía negra en el Ecuador*. Casa de la Cultura Ecuatoriana.

Tresidder, J. (1998). *Dictionary of symbols. An illustrated guide to traditional images, icons, and emblems*. Chronicle Books.

Valdez Quiñonez, S. (2018). *Personajes y leyendas de Quinindé*. Casa de la Cultura Ecuatoriana.

Vera Santos, R. (2015). *Dinámicas de la negritud y africanidad. Construcciones de la afrodescendencia en Ecuador*. Abya-Yala.

___. (2016). "Mujeres afroecuatorianas en Quito. Identidades, resistencia y acción política", en *Mundos Plurales*, vol. 3, núm. 1, pp. 33–54.

Walker, S. S. (2010). *Conocimiento desde adentro. Los afrosudamericanos hablan de sus pueblos y sus historias*. Fundación Pedro Andavérez Peralta.

Walsh, C. (2017). *Pensar sembrando/sembrar pensando*. Universidad Andina Simón Bolívar.

Zapata Olivella, M. (2014). *Africanidad, indianidad, multi-culturalidad*. Universidad del Pacífico.

www.ingramcontent.com/pod-product-compliance
Lightning Source LLC
Chambersburg PA
CBHW071535120726
47907CB00014B/2220

* 9 7 8 1 4 3 3 1 9 7 5 2 9 *